Gunter Haug

FINALE

Inhalt

Ein plötzliches Leistungstief, un sportliches Verhalten, Fernbleiben vom Training – Schlagzeilen, womit der junge italienische Nachwuchsspieler des VfB Stuttgart, Andrea Salvatore, von sich reden macht. Und plötzlich ist er spurlos verschwunden.
Kommissar und Fußball-Fan Horst Meyer stößt bei seinen Ermittlungen auf italienische Geschäftemacher und Spielervermittler. Die Spur führt nach Elba. Im dortigen Trainingslager von Juventus Turin kommt es zum Skandal, den die italienischen Fußballfunktionäre mit allen Kräften vertuschen wollen.

Krimi im Gmeiner-Verlag:
die mit dem besonderen Pfiff!

Gunter Haug hat nach einem guten Dutzend Büchern zur Landesgeschichte jetzt bereits seinen sechsten Kriminalroman vorgelegt. Schon seine bisherigen Krimis »Tiefenrausch«, »Riffhaie«, »Sturmwarnung«, »Todesstoß«, »Höllenfahrt« und »Tauberschwarz« sind bei den Rezensenten auf begeisterte Zustimmung gestoßen.

Gunter Haug

FINALE

Kriminalroman

KRIMI IM GMEINER-VERLAG

Die Deutsche Bibliothek – CIP-Einheitsaufnahme
Haug, Gunter:
Finale / Gunter Haug. -
1. Aufl. - Meßkirch : Gmeiner, 2002
(Reihe Krimi im Gmeiner-Verlag)
ISBN 3-926633-55-7

http://www.gmeiner-verlag.de
eMail: info@gmeiner-verlag.de

1. Auflage 2002
Lektorat: Isabell Michelberger, Meßkirch
Umschlaggestaltung: Heine und Eberle, Stuttgart
Gesetzt aus der 10/14 Punkt Stempel Garamond
Druck: Elsnerdruck GmbH, 10722 Berlin
Printed in Germany
ISBN 3-926633-55-7

Der Ball, der rund ist, berechnet sich wie folgt:
$V = 4/3\ Pi\ r^2$ ...

... aber wie auch immer: Ein Spiel dauert manchmal länger als 90 Minuten!

Meinem Sohn Max,
dem treuesten VfB-Fan aller Zeiten!

1

»Tooor! Ja lüg ich denn?! Wunderbar! Was für ein super Tor!« Horst war raketengleich von seinem Sitz in die Höhe geschossen und hüpfte ausgelassen von einem Bein auf das andere, während er genauso wie die gut 40.000 Zuschauer im Gottlieb-Daimler-Stadion rhythmisch in die Hände klatschte. Der ansonsten doch eher skeptisch-nachdenkliche Kriminalkommissar Horst »Hotte« Meyer aus Heilbronn war völlig aus dem Häuschen: »Hast du das gesehen, Fabian?!«

Sohn Fabian hatte! Natürlich! »Spitze! Das war Weltklasse!«, jubelte denn auch der Filius neben ihm und schwenkte begeistert die rot-weiße Fahne, während seine Augen vor Begeisterung leuchteten.

»Der VfB Stuttgart erhöht auf zwei zu null!« Die Stimme des Stadionsprechers überschlug sich in dem ohrenbetäubenden Mix aus Jubelgesängen, lautstarker Musik und Nebelhörnern. »Torschütze: die Nummer 29, unser Jungstar Andrea ...«

»... Salvatore!« brüllten die euphorisierten Stuttgart-Anhänger die obligatorische Antwort in das rot-weiße Meer auf den Rängen.

»Oh, wie ist das schön!« wummerten die Lautsprecher, stimmgewaltig unterstützt durch zehntausende von fröhlich jubilierenden VfB-Fan-Kehlen.

»Mein lieber Schieber, hat der mittlerweile einen Knaller drauf, der Junge!« klatschte sich Horst anerkennend auf die Schenkel, während er auf dem Plastiksessel der Gegentribüne wieder Platz nahm. »Sag selber, Andreas, das hättet ihr dem beim VfR so nicht beibringen können, oder?«

Andreas Trenk, der zusammen mit den beiden Meyers und Sohn Max die Partie mit leuchtenden Augen verfolgt hatte, zuckte wegwerfend mit der Schulter. »Hat ja auch keiner behauptet, oder? Aber schließlich waren wir diejenigen, die den Rohdiamanten erst mal entdeckt haben! Und, das bilde ich mir schon ein, wir haben in Sachen Andrea ja auch wirklich alles richtig gemacht, oder?«

Zufrieden lächelnd lehnte sich der drahtige Mitvierziger zurück und nickte bedeutsam, um die Wichtigkeit seiner Aussage zu unterstreichen.

»Ich sag ja gar nichts!«, wehrte Horst vorsichtshalber eine weitere Rechtfertigungsattacke bereits im Vorfeld ab. »Ich hab eure Jugendarbeit da um Gottes willen doch nicht angreifen wollen!«

»Na, hoffentlich!«, knurrte Trenk versöhnlich und fuhr sich mit der Hand durch das dichte braune Haar. »Ist wirklich ein Gewinn für den deutschen Fußball! Endlich mal wieder ein Spitzenspieler, in dessen Lebenslauf der Name Heilbronn auftaucht!«

Wo er Recht hatte, da hatte er Recht! Es wurde wirklich höchste Zeit, dass sich die fußballmäßige Kleinstadt Heilbronn wieder einmal in besserem Licht präsentierte, als dies durch den seit Jahren in Verbands- oder Oberliga vor sich hin dümpelnden VfR Heilbronn geschah. Und wenn man es in der Großstadt mit ihren über 100.000 Einwohnern nun einmal partout nicht schaffte, eine leistungsstarke Mannschaft für den bundesdeutschen Profifußball auf die Beine zu stellen, nun denn, dann konnte man jetzt eben mit Stolz geschwellter Brust auf die Tatsache verweisen, dass einer der größten Hoffnungsträger in der deutschen Kickerszene seine Fußballschuhe jahrelang in Heilbronn geschnürt hatte. Besonders stolz war Andreas Trenk natürlich darauf, dass er den jungen Ballartisten, der mittlerweile sogar seinen ersten Einsatz in der U 21 Nationalmannschaft hatte absolvieren dürfen, in der D-Jugend beim VfR Heilbronn selbst zwei Jahre lang trainiert hatte.

Ein vielstimmiges Raunen ging in diesem Moment durch das Stadion, gefolgt von donnerndem Applaus aus dem VfB-Fanblock in der Cannstatter Kurve. »Olé, olé, olé, olé – wir sind die Champions, olé!« Das Meer aus rot-weißen Schals und Mützen hüpfte ausgelassen auf und nieder.

»Hast du das gesehen?«, deutete der zehnjährige Fabian mit ausgestrecktem Arm nach unten auf die Spielfläche. »So, wie wir das immer trainieren! Echt Spitze!«, kommentierte Horsts Sohn mit Kennermiene.

»Und wie!«, bestätigte sein Freund und Fußballkamerad Max Trenk die Analyse. »Das hat der bei meinem Papa gelernt!« Stolz nickte er dabei zu seinem Vater hinüber, der vor vielen Jahren als Trainer die Betreuung der D-Jugend des VfR Heilbronn übernommen hatte.

»Da seht ihr's, was ich euch immer und immer wieder predige: üben, üben, üben! Das geht nur mit ständigem Üben und Trainieren! Mit Reden allein ist nix gewonnen! Also, wer auch irgendwann einmal da unten stehen will, der muss sich ranhalten!«, tätschelte er seinem Sohn schmunzelnd die Wange. »Da siehst du es! Und der Andrea, das war schon damals immer der Fleißigste und der Willensstärkste von allen! Der hat die Lektion von vornherein intus gehabt: Ohne Fleiß kein Preis!«

»Aber weshalb dann so einer Andrea heißen muss! Das ist doch ein Mädchenname!«, unterbrach Fabian den Redefluss seines Jugendtrainers, bevor der sich bei seinem Trainingsfleiß festbeißen konnte.

»Das ist halt so bei den Italienern«, gab Horst die Antwort. »Das ist ein Name wie Paul oder Hans oder Rolf oder ... Fabian eben!«

»Komisch!« Der Junior gab sich nicht so leicht geschlagen. »Aber ich heiße ja auch nicht Paula, oder?«

»Nein, zumindest nicht dass ich wüsste«, schmunzelte der Vater amüsiert. »Schade eigentlich, dass wir nicht auf die Idee gekommen sind, damals ...«, gab er sich nachdenklich.

»Das geht doch gar nicht!« schaltete sich Fabians Fußballkumpel hilfreich ein. »Der Fabian ist doch ein Junge und muss dann auch so heißen wie ein Junge!«

»Nicht unbedingt! Ich kenne Männer, die heißen mit zweitem Vornamen Maria! Ja, doch, ehrlich, ich nehme euch nicht auf den Arm«, setzte Horst hinzu, als er die skeptischen Mienen bemerkte, die die beiden Jungs aufgrund dieser Feststellung zur Schau stellten. »Da muss nur der erste Vorname klar als männlicher Name erkennbar sein. Aber denkt doch mal an diesen Komponisten, Carl Maria von Weber oder zum Beispiel den Schauspieler Claus Maria Brandauer ... Das gibt's also tatsächlich!«

»Trotzdem komisch!«, schüttelte Fabian verwundert den Kopf. »Das wäre ja ... das wäre ja dann, wie wenn man die Nina mit zweitem Namen Karl nennen würde!«, lachte er glucksend bei der amüsanten Vorstellung, seiner kleinen Schwester einen zusätzlichen – sicherlich nicht sehr willkommenen – Vornamen verpasst zu haben.

»Da! Guck!« Andreas Trenk richtete den Oberkörper kerzengerade in die Höhe und deutete fasziniert nach unten auf den grünen Rasen. »Schau dir das an! Ja! Weiter, kein Abseits! Und jetzt da drüben, Junge, spiel ab! Nicht umdribbeln! Nein! Das ist zu viel, komm, abspielen jetzt!« Das Geschehen unten hielt die Zuschauer kaum noch auf den Sitzen.

Mit geradezu akrobatischem Geschick umkurvte der schlanke junge Spieler mit der Rückennummer 29 erst den einen Verteidiger, der sich ihm unmittelbar vor dem Strafraum in den Weg gestellt hatte, und dann – Körpertäuschung! – den zweiten Gegner.

»Unglaublich!« Horst verfolgte staunend die geradezu atemberaubenden Dribbeleinlagen des VfB-Stürmers. »Und jetzt, Schuss! Nein, noch besser! Klasse!«

»Spitze!« klatschte Trenk begeistert in die Hände. »Hat der aber auch eine Übersicht!« Der junge Spieler hatte zur Überraschung aller nicht den – auch von den Verteidigern – erwarteten Torschuss abgegeben, sondern musste während seines grandiosen Sturmlaufes auf das gegnerische Tor irgendwie noch aus den Augenwinkeln die Position seines Mitspielers registriert haben, der von rechts außen in den Strafraum hineingeprescht war. Die Vorlage kam scharf und präzise geschossen vor dessen Füße. Eigentlich musste er das Leder nur noch mit der Spitze seines Fußballstiefels antippen, eine blitzschnell ausgeführte Bewegung – und wieder zappelte der Ball im Netz!

»Super!«

»Das ist ja unwahrscheinlich!«, riss es die Fans förmlich von den Sitzen.

»Das ist das neue magische Dreieck!« Horsts Stimme überschlug sich beinahe vor Begeisterung. »Das ist ja Fußball in Reinkultur!«

»Eine Übersicht hat der Bursche! Phänomenal!«, stimmte der Jugendtrainer freudestrahlend zu. »Jeder andere hätte geschossen, aber der Andrea, der behält die Ruhe wie ein Alter und zirkelt die Pille dann rüber!

Faszinierend! Wer ihm das wohl beigebracht hat?«, grinste er Horst lachend ins Gesicht.

»Das hat ja noch kommen müssen! Du natürlich!«, gab der Gefragte fröhlich zurück.

»Neuer Spielstand: VfB drei ...«, dröhnte es durchs weite Oval des Stadions, wo die ersten Anhänger der mit so viel Hoffnung angereisten gegnerischen Mannschaft frustriert ihre Fahnen einrollten und mit betretenen Mienen das Ende des desaströsen Spiels herbeisehnten.

»Endlich wieder ein VfB, mit dem man Staat machen kann! Spielkultur vom Allerfeinsten!« jubelte Andreas Trenk ausgelassen. »Unser Andrea Salvatore wird seinen Weg machen, davon bin ich felsenfest überzeugt! Und dieser neue VfB, also wirklich! Allererste Sahne!«

»Die haben sozusagen aus der Not eine Jugend gemacht! Muss ja, wie man sieht, nicht unbedingt verkehrt sein«, pflichtete Horst ihm bei und erinnerte sich schaudernd an das vorangegangene Jahr, als seine Lieblingsmannschaft nahezu hoffnungslos auf die hintersten Tabellenregionen zurückgefallen war und man dann auch noch plötzlich die Hiobsbotschaft von Millionenschulden zu verdauen gehabt hatte! Der Abstiegskandidat Nummer 1 schien seinerzeit auch für die Experten bereits festzustehen – und das alles hatte sich erst vor nicht einmal einem Jahr zugetragen. Unglaublich! »Da sieht man's mal wieder. Es müssen nicht immer diese millionenteuren Superstars sein! Auf die eigene

Jugend setzen und die eigenen Stärken kontinuierlich ausbauen, so kann es auch gehen! Ich sage nur Ajax Amsterdam, was haben die doch genauso für eine Supermannschaft aufgebaut!«

»Bayern, wir kommen!«, tönte es fröhlich an sein Ohr, während die beiden Jungs freudestrahlend ihre rot-weißen Fahnen schwenkten.

2

Mit schrillem Kreischen näherte sich der Bohrer dem Kopf des verängstigten Häufchens Elend, das sich schweißnass auf dem Zahnarztstuhl zusammenzukrümmen versuchte. Doch an eine Bewegung war nicht zu denken, noch weniger an ein Entrinnen aus der scheußlichen Falle. Seine Peiniger hatten ihn mit breiten Bändern in liegender Position dermaßen fest an das Gerät geschnallt, dass ihm sogar das Atmen schwer fiel. Noch immer raste ein bohrender Schmerz durch seinen geschundenen Kiefer, hoffnungslose schwarze Panik drohte sein Gehirn zu ersticken! Kein Ausweg! Keine Chance mehr! Grauenvoll!

Das Kreischen schien in einem wilden Crescendo zu explodieren, als der mit einer schwarzen Pudelmütze getarnte Scherge die Bohrerspitze mit unnachgiebiger Härte auf den Backenzahn drückte, den sie bereits vorher gnadenlos einer ersten Behandlung unterzogen hatten. Der Nerv des zerstörten Zahnes war dem sich immer tiefer hineinfressenden Bohrer vollkommen ausgeliefert: Ein gurgelndes, ersticktes Stöhnen war alles, was sich seiner Kehle entrang! Nicht einmal zu einem Schrei war er in dieser Situation noch fähig.

Der Druck ließ nach, das Kreischen des Bohrers verstummte, während der Folterknecht sich forschend über ihn beugte und ihn mit stechenden Augen durch die Sehschlitze der Pudelmütze ins Visier nahm. »Na? Genug fürs Erste?«, drang es dumpf durch den dicken Wollstoff.

Hektisch blickte der Gemarterte von dem Fragesteller zu dem zweiten Vermummten, der wie gelangweilt ein Stück weiter hinten stand, dann wieder zurück. Ein undefinierbarer Laut drang aus seinem Mund, gefolgt von einem erschöpften Keuchen.

»Mach langsam, Dottore!«, zischte der zweite zu seinem Komplizen hinüber, der den Bohrer geführt hatte. »Nicht, dass der uns noch von der Schippe springt!«

»Keine Sorge, so schnell stirbt man nicht!«, lachte dieser höhnisch. »Schon gar nicht in diesem jugendlichen Alter und bei der Konstitution! Da, fühl mal!« Er drückte mit brutalem Griff in den Oberarm des Gefesselten. »Wirklich, gut durchtrainiert, der Junge! Aber Zahnschmerzen, die drücken nicht nur aufs Gemüt! Mal schauen, wie sich unser Held wohl morgen so fühlen wird!« Er wandte sich ab und befingerte tastend die verschieden dicken Bohrerspitzen, die auf dem Schränkchen neben dem Zahnarztstuhl aufgereiht standen. »Na ja«, bewegte er nach einer Weile abschätzend den Kopf, »die etwas dickere Variante wäre vielleicht auch einmal einen Versuch wert!«

Ein neuerliches verzweifeltes Stöhnen war die Antwort. »Nein, bitte! Bitte nicht!«, keuchte der junge Mann und sandte einen flehend-panischen Blick zu seinem Peiniger hinüber. »Ich halte das nicht mehr aus, bitte!«, gurgelte er erstickt.

»Na, na! Was haben wir denn da für ein Weichei?«, kam es böse durch die Pudelmütze zurück. »Die Jugend von heute! Große Klappe, aber aushalten können sie nichts!«

Mit geübten Handbewegungen tauschte er die Bohrerköpfe aus. »So, das hätten wir!« Wieder heulte der Apparat schrill auf, als der Mann mit dem Fuß auf den elektrischen Taster trat. »Na, das klingt fast so schön wie eine Beethoven-Sinfonie, was meinst du?« Der vorhin »Dottore« genannte hielt den Bohrer ganz dicht an das Ohr seines Opfers. »Oh, Vorsicht! Nicht bewegen, sonst ist auch noch das Ohrläppchen an der Reihe«, lachte er diabolisch, als der zu Tode verängstigte Junge es schaffte, seinen Kopf um einige Millimeter in die andere Richtung zu drehen. »So – und dann den Mund schön weit aufmachen! Komm mal her«, winkte er seinen Komplizen zu sich heran. »Ich fürchte, unser junger Freund braucht eine Art Maulsperre, weil er seine Lippen so furchtbar aufeinander presst! Da«, deutete er auf die Wangen des in äußerster Panik an die Deckenlampe stierenden jungen Mannes »Da musst du zudrücken!«

»Komm, lass gut sein! Ich denke, das reicht jetzt! Mir ist das ganze Theater zu viel geworden! Da schmeckt einem ja bald das Essen nicht mehr, bei dem furchtbaren Gejammer, das der ablässt!«, winkte der andere ab. »Ich denke«, flüsterte er mit drohendem Unterton, »unser Jungstar hat seine Lektion verstanden! Also, entweder du kapierst und gibst uns demnächst grünes Licht oder wir kommen wieder! Und verlass dich darauf, wir werden wiederkommen! Und wir werden dich finden, ganz egal, wo du dich verstecken wirst! Darauf kannst du Gift nehmen!«

»Nein, besser nicht! Wir brauchen ihn ja noch eine Weile, unseren Jungspund!«, kicherte der Folterknecht. »Also gut, Feierabend für heute! Ich mache dir noch eine wunderschöne Füllung, eine von der dein Zahnarzt nur träumen kann, und dann – dann darfst du wieder springen!«

»Und dass wir uns aber über eines im Klaren sind«, näherte sich der zweite dem Zahnarztstuhl, »kein Wort zu irgend jemand, sonst ... sonst müssen wir leider in Zukunft auf deine Gegenwart verzichten!«

Er fuhr sich mit der flachen Hand an die Kehle und machte eine schnelle eindeutige Bewegung ...

3

»Also, wenn das so weitergeht, dann sind wir aber tatsächlich bis in ein, zwei Jahren wieder Deutscher Meister!«

Horst befand sich nach dem vom VfB Stuttgart mit 3:0 Toren so grandios gewonnenen Spiel gegen die Mannschaft aus dem Kohlenpott noch immer im fußballerischen Freudentaumel. »Also so etwas Tolles habe ich selten gesehen ...«

»Gemach, gemach«, versuchte Andreas die Begeisterung seines Begleiters zu dämpfen. Im dichten Pulk von strahlenden Stuttgart-Fans ließen sie sich die Treppe hinunter in Richtung Ausgang schieben. »Eine Schwalbe macht bekanntlich noch keinen Sommer – und du kannst nur so stark spielen, wie es der Gegner zulässt. Und von denen war ja heute auch weiß Gott nicht viel zu sehen!«

»... weil wir ihnen keinen Raum zur Entfaltung gelassen haben!«, konterte Horst die Einlassung des D-Jugendtrainers. »Weil wir selbst eben ein mordsmäßiges Powerplay aufgezogen haben! Und weil der Andrea da ein Wahnsinns-Spiel hingelegt hat! Nein, nein, die Jungs sind schon auf dem richtigen Weg!«

»Was ich auch gar nicht bestreiten will«, lachte Andreas. »Ich habe allerdings schon oft genug erlebt, wie Mannschaften, die eine Superserie hingelegt haben, dann plötzlich aus unerfindlichen Gründen aus dem Rhythmus geraten und vollkommen eingebrochen sind! Und plötzlich hat es dann auch im Mannschaftsgefüge gekracht, die Spieler haben sich gegenseitig angegiftet, tja, und dann war die Katastrophe da! Nicht wahr, Jungs?« stupste er Max und Fabian mit dem Zeigefinger. »Wie war das noch alles toll im September/Oktober – und dann dieses Tief am Jahresbeginn!«

»Na ja«, brummelte Max verlegen. »Bloß weil wir jetzt zweimal hintereinander verloren haben ...«

»... und schon seit vier Spieltagen kein Tor mehr geschossen haben!« half ihm sein Trainer (und Vater) auf die Sprünge. »Die beiden 0:0 sollten wir dabei nicht vergessen!«

»Das kriegen wir schon wieder hin!«, versicherte Fabian gelassen. »Außerdem macht das in der Halle einfach nicht so viel Spaß wie im Freien. Wenn es draußen wieder los geht, dann sind wir aber wieder voll dabei!«

»Ja, genauso wie im November, bei den letzten beiden Spielen auf dem Rasen, nicht wahr?« Ein amüsiertes Grinsen huschte über Andreas Gesicht.

»Ach, das waren halt Ausrutscher, kann doch mal passieren, oder?«, versuchte Max die Bedeutung der beiden letzten Freiluft-Niederlagen seiner Mannschaft herunterzuspielen.

»Also, wie ist das jetzt? Das ist mir ehrlich gesagt bisher gar nicht so klar gewesen«, mischte sich nun auch Horst wieder in die Debatte. »Ihr habt also in Wirklichkeit seit sechs Spieltagen nicht mehr gewonnen, dabei sogar vier Mal verloren ... Das ist ja allerhand!«

»Ich sag doch, das wird schon wieder«, Fabian warf einen unwirschen Blick in Richtung seines Vaters.

Horst wiegte skeptisch den Kopf. »Mmh, ich weiß nicht so recht ... Ich würde aber sagen«, damit gab er Andreas einen freundschaftlichen Ellbogenhieb in die Seite, »noch zwei solche Spiele, und dann stellt sich irgendwann die Trainerfrage!«

»Ja, natürlich! Der Trainer!«, schnaubte der so Attackierte zurück. »Am Ende ist es immer der Trainer! Die Herren Jungstars auf dem Rasen sind natürlich wie immer völlig unschuldig! Wozu hat man denn auch einen Trainer! Weißt du was?« Damit legte er den Arm um Horsts Schultern. »Wie wäre es denn, wenn du dann nach meiner Entlassung den Job übernehmen würdest? Wo du doch immer so gut Bescheid weißt?«

»Au ja, Papa! Mach das!«, jubelte Fabian in freudiger Erwartung des baldigen Trainerwechsels, was ihm einen alles andere als freundlichen Blick seines Mitspielers einbrachte.

»Gemach, gemach! Du verteilst ja das Fell des Bären schon, bevor der überhaupt erlegt ist!«, lachte Horst. »Da siehst du mal, mein lieber Andreas, wie schnell sich die Dinge verändern! Heute ein Star, morgen schon kennt dich keiner mehr ...«

»Eben! Sag ich doch!«, nickte der Trainer zustimmend. »Und deshalb kann ich ja auch nur warnen: Lass mal unseren VfB mit seinen jungen Mannen zwei, drei Spiele verlieren. Dann ist die Verunsicherung nämlich da und die Fans stehen Kopf! Wir haben ja grade wieder erlebt, wie schnell so was gehen kann!«, gab er den beiden vor ihm laufenden Jungs einen Klaps auf den Rücken. »Und ehrlich gesagt, so viele Torjäger haben wir nun auch wieder nicht beim VfB.«

»Ha, doch! Der Andrea!« schallte es ihm aus zwei Jugendfußballerkehlen entgegen.

»Ja, der Andrea Salvatore, o.k.! Und wen sonst noch?« Andreas breitete die Arme aus. »Da schießt mal der eine ein Törchen, dann wieder der andere ... Aber sonst?«

Milde lächelnd schüttelte Horst den Kopf. »Oh, unser ewiger Schwarzmaler! Da kommt schon noch was! Jetzt gib den Jungs halt noch ein bisschen Zeit für ihre Entwicklung ...«

»Sag ich doch die ganze Zeit schon!«, brummelte der Trainer und zwängte sich durch eine Ansammlung finster dreinschauender gegnerischer Fans, die wie angegossen direkt vor dem Tribünenaufgang standen und keine Anstalten machten, den Weg freizugeben.

4

Tränen des Schmerzes flossen über das Gesicht des jungen Mannes, der mit zusammengekniffenen Lippen auf dem Zahnarztstuhl saß. Verschämt blickte er zur Seite und wischte sich mit einem zusammengeknüllten Papiertaschentuch die nassen Wangen.

»Du meine Güte, Ihnen scheint es aber wirklich nicht gut zu gehen!« Verwundert musterte der Zahnarzt seinen Patienten. Ein junger, kräftiger Mann und dann solch ein Häufchen Elend! Wegen eines Zahns! Vielleicht war doch etwas dran an der immer öfter verbreiteten Behauptung, dass die Jugend mehr und mehr verweichliche ... Andererseits, einen dermaßen jammervollen Anblick hätte er sich bei keiner der jungen Frauen vorstellen können, die bei ihm in Behandlung waren. Also doch! Waren die Frauen in Wirklichkeit eben doch härter im Nehmen.

»Na, kommen Sie, gleich werden wir wissen, wo der Schuh drückt! Das heißt, der Zahn natürlich«, versuchte er den Jungen aufzumuntern. Dessen Vater hatte ihn schon am frühen Morgen zuhause angerufen und in den finstersten Farben den Zustand geschildert, in dem sich sein Sohn befand. Zahnschmerzen! Was sonst? Der

Zahnarzt hatte verärgert darauf hingewiesen, dass er seine Praxis wie jeden Tag auch heute um 8 Uhr öffnen werde. Dann solle der junge Mann eben gleich vorbeikommen – mal sehen, wie man ihn zwischen die schon lange vorher ausgemachten Termine der anderen Patienten hineinschob. Doch der Anrufer hatte keine Ruhe gegeben. Es müsse gleich sein, jetzt, sofort! So habe er seinen Sohn noch nie erlebt! Der Zahnarzt müsse einfach eine Ausnahme machen, für ihn als langjährigen Besucher der Praxis, das müsse doch auch einmal möglich sein!

Der Arzt seufzte müde, als er das Licht der Behandlungslampe einschaltete. Ein Stündchen Schlaf nach der vergangenen, allzu kurzen Nacht hätte ihm schon noch gut getan! Aber wie gesagt, der andere hatte ja keine Ruhe gegeben!

»So, dann lehnen Sie sich jetzt bitte einmal zurück, dann werden wir der Sache auf den Grund gehen!« Missmutig registrierte der Zahnarzt, dass die Utensilien, die ansonsten fein säuberlich in Reih und Glied griffbereit auf einem Tablett neben dem Behandlungsstuhl vorbereitet waren, an diesem Morgen fehlten. Klar, er schaute auf seine Armbanduhr. Erst kurz nach 7 und vor halb 8 war mit keiner der Sprechstundenhilfen zu rechnen, die diese Arbeit normalerweise routinemäßig ausführten.

Der junge Mann lehnte sich im Behandlungsstuhl zurück und schloss gequält die Augen, während der Arzt sich über ihn beugte. »So, Mund auf, bitte!« Er schnaubte ärgerlich und richtete sich wieder auf. »Also bitte! Sie müssen den Mund schon richtig aufmachen, wenn Sie wollen, dass ich Ihnen helfe. Also, ganz auf! Bitte!«

Nach einem tiefen Atemzug, begleitet von neuerlichem Stöhnen, klappte der Patient ganz langsam, als koste ihn dies eine ungeheure Kraft, Ober- und Unterkiefer auseinander.

Wieder beugte sich der Zahnarzt hinunter und spähte angestrengt in die Mundhöhle des Jammerlappens hinein. Was um alles in der Welt konnte solche Schmerzen verursachen? Das mussten ja mindestens drei komplett ruinierte Zähne auf einmal sein!

Ja – um Himmels willen! Was ist das denn?« Erschrocken prallte der Arzt zurück und hustete trocken. »Wer hat denn diese Schweinerei angerichtet?«

Als könne er seinen eigenen Wahrnehmungen nicht trauen, beugte er sich wieder vor und fixierte mit ernster Miene die unglaubliche Verletzung, die sich ihm im Mund des leise stöhnenden Patienten offenbarte.

»Was war das denn für ein Kurpfuscher?! Den muss man ja sofort anzeigen und ihm das Handwerk legen! Jetzt ist mir alles klar!« Der Zahnarzt hatte so etwas in seinem ganzen Leben noch nicht gesehen, das übertraf ja alles an Quacksalberei, was man in Fachkreisen aus südlichen Ländern spöttisch kolportiert hatte!

Es würde eine lange, anstrengende Behandlung werden ...

5

»Verdammt noch mal! Wo steckt der Kerl denn bloß wieder?« Zornig stampfte Horst Meyer mit dem Fuß auf den Asphalt vor den Kassenhäuschen des Gottlieb-Daimler-Stadions und sandte einen säuerlichen Blick zu Fabian hinüber, der mit nervösen Schritten vor seinem Vater auf und ab patrouillierte. »Wenn du ihn siehst, dann schnapp ihn dir sofort. Wer weiß, wo der Unglücksrabe sonst wieder untertaucht!«

»Ich hab dir's ja gleich gesagt, der Onkel Michael ist nie pünktlich!«, maulte der Junior mit ersten Anzeichen von Verstimmung.

»Hinterher ist man immer schlauer!« fauchte Horst zurück. »Jetzt sag bloß noch, dass ich an allem schuld bin, dann glaube ich das halt auch noch!«

»Aber gesagt habe ich's ...«, ließ Meyer jr. nicht locker. Ungeduldig nestelte er an dem nagelneuen rot-weißen Trikot mit der Nummer 29, das er zur Feier des Tages vom letzten Taschengeld im Fanartikelshop neben der VfB-Geschäftsstelle erstanden hatte.

»Ah, Salvatore Fan, was?!« stupste ihn in diesem Augenblick ein von Kopf bis Fuß rot-weiß gewandeter Fan an der Schulter. »Mal gucken, wie viele Dinger der heute wieder versenkt! Na ja, am letzten Samstag in Hamburg, da war er wohl nicht ganz so gut drauf, aber heute, da bin ich sicher, daheim im Neckarstadion: Da lässt er's sicher wieder krachen! Also, ich an eurer Stelle würde mich beeilen, in zehn Minuten geht's los!« Sprach's und hastete davon in Richtung der Kassenhäuschen, vor denen die Schlange der Eintrittskartenkäufer in der Zwischenzeit deutlich abgenommen hatte.

»Schlaumeier!« kommentierte Horst den Ratschlag missmutig, während er zum wiederholten Mal nervös auf seine Armbanduhr blickte, die ihm jedoch nur eines signalisierte, es wurde allmählich höchste Zeit, dass sein Freund und Kollege mit den Karten auftauchte. Insgeheim musste Horst seinem Sohn ja Recht geben: Auf Michael Protnik war, wenn überhaupt nur selten Verlass! Nein, halt! So war es nun auch wieder nicht, in gewisser Weise verlässlich war er schon, der Kollege, aber eben nicht pünktlich. Chronisch unpünktlich eher, ja das war die passende Charakterisierung.

Er hätte es besser wissen müssen, ja! Aber diese Erkenntnis half ihnen nun auch nicht viel weiter! Hätte er sich doch nur nicht darauf eingelassen und Michael Protnik die Eintrittskarten besorgen lassen. Der unglückselige Sputnik! Diese ewige Unpünktlichkeit! Sie hatte sich wesentlich tiefer in die Gehirnwindungen des Kollegen eingebrannt als sämtliche sozialistischen Parolen, denen Protnik in seinen ersten zwanzig Lebensjahren ausgesetzt gewesen war. Als

Spross deutschstämmiger Eltern hatte er seine Kindheit und Jugend in irgendeinem Nest in der tiefsten Sowjetunion verbacht, ehe er vor mittlerweile auch schon über zwanzig Jahren nach Deutschland hatte übersiedeln dürfen. Hier hatte er es schließlich sogar zu einer durchaus beachtenswerten Karriere im baden-württembergischen Polizeidienst gebracht und verrichtete seit Jahren seinen Dienst als Kriminalkommissar bei der Ulmer Mordkommission. Dort hatten sich seinerzeit die beiden – Horst und Michael – auch kennen- und im Laufe der Zeit schätzen gelernt. Aus dem kollegialen Miteinander war sogar eine richtige Freundschaft gewachsen, obwohl Horst schon lange nicht mehr in Ulm wohnte, sondern als Kommissar bei der Kripo in Heilbronn angesiedelt war. Doch das hatte der Freundschaft keinen Abbruch getan – im Gegenteil. Man besuchte sich dann und wann und nahm sich auch die Zeit für manches spontan vereinbarte Treffen. Wobei es meistens so ablief, dass Protnik zusammen mit seinem Albtraum und zugleich Lebensgefährtin Uschi Abele (genannt Bebele), der Sekretärin bei der Ulmer Kripo, die Meyers in ihrem Reihenhaus in Heilbronn-Sontheim besuchte. Der Kinder wegen! Beziehungsweise der nicht existenten Kinder des Duos Protnik/Abele wegen und aufgrund der Tatsache, dass die Meyers mit den beiden Kindern Nina und Fabian angesichts zahlreicher (wichtiger) Termine ihrer Kids eben doch wesentlich weniger flexibel waren als die beiden anderen.

Aber auf diese Kiste hier, nein, darauf hätte sich Horst nie einlassen dürfen! Wobei er die ganze Geschichte ja selbst sozusagen provoziert hatte! Was hatte er dem staunenden Protnik auch vorgeschwärmt. Von einem sagenhaft spielenden VfB Stuttgart, von einem hoffnungsvollen Jungstar, den er sogar persönlich kenne, und von einer Atmosphäre im Stadion, die sich in letzter Zeit einfach unnachahmlich entwickelt habe. Der neuen Abenteuern immer aufgeschlossen gegenüberstehende Protnik bekannte, von Fußball nicht die geringste Spur einer Ahnung zu haben, äußerte jedoch daraufhin den dringenden Wunsch, sich dieses Spektakel einmal anschauen zu können. Und weil sich dies im Zustand des fußballerischen Laien als Einzelkämpfer ja doch wohl eher kontraproduktiv gestalte, hatte sich der Sputnik an einem gemeinsamen Besuch des nächsten VfB-Heimspieles interessiert gezeigt. Den Preis für die Eintrittskarten würde selbstverständlich er übernehmen. Gleich heute noch, hatte er in der ersten Euphorie freudestrahlend verkündet, würde er sie bestellen. Gegentribüne? Logisch! Mitte? Aber natürlich! Der Sputnik war mit Feuereifer bei der Sache gewesen. Ob er auch über den Zeitpunkt hinaus noch angehalten hatte, als er den Preis für die drei Billetts erfahren hatte?

»Papa, was machen wir denn jetzt?«, riss ihn die ungeduldige Stimme von Fabian aus seinen Erinnerungen. »Da, schau!« er deutete auf Horsts Armbanduhr. »In drei Minuten geht's los!« Als im selben Moment auch noch der sogar draußen laut und deutlich zu hörende Stadionsprecher mit sich vor Begeisterung fast überschlagender Stimme die Mannschaftsaufstellung verkündete, da war es um die Selbstbeherrschung des Filius geschehen! Tränen glitzerten in seinen Augen: »Und ich habe mich doch so auf dieses Spiel gefreut!«, murmelte er mit belegter Stimme.

Es war das Signal für Horst, zu handeln. »Also, komm jetzt! Auf!« Er packte Fabian entschlossen am Ärmel des neuen Trikots und zog ihn hinter sich her zum Kassenhäuschen, nicht ohne vorher noch einen letzten suchenden Blick in die Umgebung zu werfen. Doch von Protnik war weit und breit nichts zu sehen! »Die Rechnung, die wirst du übernehmen, alter Schwede!«, schwor er kampfbereit und zückte den Geldbeutel. »Zweimal Gegengerade, Mitte, bitte! Einmal Erwachsener, einmal Jugendlicher!«

»Da kommet Se aber bald daher! Mal gucka, ob ich überhaupt noch ebbes han!«, schwäbelte es mit vorwurfsvollem Unterton hinter der Glasscheibe hervor. »Wisset Se, seit neueschtem habet mir nämlich einen richtigen Boom, da gehet die Karta weg wie warme Weckla! Ah, doch, da habet mir noch was!« Freude breitete sich auf den Gesichtszügen des Verkäufers aus und zufrieden schob er Horst die beiden gewünschten Eintrittskarten hinüber. »Ond viel Spaß dann bei unserem Sieg, gell!«, tönte es hinter den beiden Fußballfans her, die im Laufschritt in Richtung Tribüne eilten.

»Und los geht's!«, donnerte die Stimme des Stadionsprechers begleitet von frenetischem Jubel, lautem Hupen und kräftigen Trommelschlägen. »V, V, VfB!« skandierten die Fans begeistert in Erwartung des nächsten genauso deutlichen wie überzeugenden Sieges ihrer Mannschaft!

6

»Dass die Leute aber auch nie pünktlich sein können!« Verärgert erhob sich der Mann hinter den Meyers von seinem Platz, um einen verspäteten Zuschauer durchzulassen, der sich schwer keuchend und mit schweißglänzendem rotem Kopf durch die Reihe quetschte. Erschöpft ließ er sich auf den roten Plastikstuhl fallen und gab ein tiefes Stöhnen von sich.

Das konnte eigentlich nur einer sein ... Horst wandte sich um und tatsächlich, nur wenige Meter entfernt, schräg hinter den Meyers, war Michael Protnik intensiv mit der Aufgabe beschäftigt, seinen heftig pulsierenden Kreislauf ganz allmählich wieder auf Normalniveau herunterzufahren.

»Ja, wo um alles in der Welt kommst du denn her?!« Horst formulierte die Frage in einem äußert vorwurfsvollen Ton. Streng musterte er den unpünktlichen Sputnik und schüttelte den Kopf. Gut und gerne 25 Minuten zu spät! Unglaublich, der Kerl!

»Wenn ihr aber auch nicht auf einen warten könnt!«, stieß der hervor und schnaufte angestrengt.

Wie bitte? Das war ja wohl die Höhe! »Jetzt mach aber mal bloß einen Punkt!«, schimpfte Horst ungehalten drauflos. »Am Ende sind womöglich wir noch schuld daran, dass du zu spät gekommen bist!«

»Immerhin hab ich gut und gerne 10 Minuten nach euch gesucht wie nach der Stecknadel im Heuhaufen«, rechtfertigte sich Protnik.

»Da! Da schau! Jetzt auf, auf geht's!« Die Zuschauer ringsum starrten gebannt auf das Geschehen unten auf dem Rasen. »Jetzt mach schon, Junge! Hau ihn rein!«

Mit vor Anspannung fest geballten Fäusten verfolgten die fast 40.000 das Dribbling des Spielers mit der Nummer 29, dem der Ball nach einem Abwehrfehler des gegnerischen Verteidigers direkt vor die Füße gerollt war. Keine fünf Meter mehr trennten das Leder von der Torlinie. Stürmer und Torwart standen sich Auge in Auge gegenüber. Der Spieler mit dem roten Brustring machte einen unentschlossenen Eindruck, als wäre er von der Situation regelrecht überrumpelt worden.

»Jetzt schieß doch endlich um Gottes willen, Junge!« Horsts Sitznachbar brüllte sich beinahe die Seele aus dem Leib.

Der Stürmer holte aus - und der Ball schoss in hohem Bogen in den Himmel, um schließlich weit hinter dem gegnerischen Tor mitten in den Zuschauerrängen zu verschwinden.

Ein enttäuschtes Raunen zog sich durch das Stadion, während die wenigen, aber lautstarken Fans der Gästemannschaft höhnische Sprechgesänge vom Stapel ließen.

»Das darf ja wohl nicht wahr sein! Der bringt den Ball im leeren Tor nicht unter!«, schimpfte der Nachbar wie ein Rohrspatz.

»Na, leer war das Tor ja nun gerade nicht!«, wagte Horst den Versuch einer Verteidigung.

»Aber so gut wie! Jetzt sagen Sie bloß noch, dass der Schuss da eine Meisterleistung gewesen ist«, fauchte der andere angesäuert. »Und so was will Nationalspieler werden und winkt bereits mit Kontakten zu den Bayern! Nein, nein, das ist wieder mal typisch. Kaum machen die Kerle zwei, drei gute Spiele, schon haben sie einen Höhenflug und meinen, sie müssten Millionen verdienen«, spielte er auf Zeitungsmeldungen an, die davon berichteten, dass sich Bayern München offenbar bereits heftig für den talentierten U 21 Nationalspieler interessierte. Andrea Salvatore jedoch war von der Zeitung mit der Bemerkung zitiert worden, dass er sehr, sehr gerne in Stuttgart bleiben wolle, falls sich die demnächst anstehenden Vertragsverhandlungen zu seiner Zufriedenheit entwickelten. »Da bildet man die Kerle jahrelang aus und investiert einen Haufen Geld in die Jungs, und dann heben sie ab und wissen nicht mehr, wo sie herkommen!« Der Nörgler wollte anscheinend partout keine Ruhe geben! So schnell konnte es gehen: Zwei, drei unglückliche Spielzüge, und schon wieder hieß es bei so manchem Fan anstelle von »Hosianna« kurz und bündig »Kreuziget ihn«!

»Aber der Andrea doch nicht«, startete Horst, der eigentlich um die vergebliche Mühe wissen musste, die ein Versuch zur Ehrenrettung für den jungen Spieler kostete. »Der ist ein ganz toller Kerl und hat solche Tricksereien gar nicht nötig!«, setzte er noch hinzu, was ihm immerhin einen dankbaren Blick aus den Augen seines Sohnes einbrachte.

»Trickserein! Auf dem Rasen muss er sie beherrschen, die Tricks!«, ließ sich der Nörgler aber nicht beirren.

»Na, dann eben nicht!« Horst wandte sich mit dem Oberkörper in die andere Richtung und beendete damit seine von wenig Erfolg gekrönten Bemühungen.

»Da drüben müsste eigentlich irgendwo der Lucca sitzen.« Fabian deutete auf die Haupttribüne hinüber. »In der Heilbronner Stimme haben sie geschrieben, dass der verletzt sei und deshalb ein paar Tage Urlaub in Lauffen bei der Familie mache. Und dass er sich das Spiel heute nicht entgehen lassen wolle. Der kriegt ja sicher eine kostenlose Eintrittskarte, was meinst du, Papa?«, wandte sich Fabian an seinen Vater.

»Ganz sicher! Als Spieler von Juventus Turin – und zwar als einer der Leistungsträger – ganz sicherlich. Und eine Karte für den VIP-Bereich noch obendrein,« nickte Horst, der auch Andreas älteren Bruder Lucca noch ganz gut von den Zeiten her kannte, als er sich ab und zu ein B-Jugend-Spiel des VfR Heilbronn einzig und allein aus dem Grund angeschaut hatte, um den jungen, hochtalentierten Wunderstürmer über den Rasen zaubern zu sehen. Ein Hochgenuss war das damals gewesen. Nur leider hatten in diesem Fall die Talentsucher der großen deutschen Vereine nicht rechtzeitig reagiert, und weg war das Supertalent! Ausgerechnet Italien! Ausgerechnet Juve! Es war alles andere als wahrscheinlich, dass der deutsche Fußball den Rohdiamanten Lucca Salvatore jemals wiedersehen würde, zumindest nicht als Lizenzspieler einer deutschen Erstliga-Fußballmannschaft.

»Ist der Lucca jetzt eigentlich Italiener oder Deutscher? Ich habe gehört, er hat einen italienischen Pass«, erkundigte sich Fabian, während das Spiel auf dem Rasen verletzungsbedingt gerade unterbrochen war.

»Ja, leider!« bestätigte Horst achselzuckend. »Letztes Jahr hat er sich endgültig dafür entschieden. War nicht besonders schwer, weil seine Eltern ja beide aus Italien stammen. Und nachdem er eh bei Juventus spielt. Es ist nur noch eine Frage der Zeit, bis er das erste Mal in der italienischen Nationalmannschaft auflaufen wird. Das wird auch nicht mehr lange auf sich warten lassen!«

»Was macht der denn da?«

Die beiden Mannschaften hatten das Spiel wieder aufgenommen – und wieder war es die Nummer 29, die offenkundig größte Probleme mit dem gegnerischen Sonderbewacher hatte.

»Nein, das gibt's doch nicht!« Der Nachbar raufte sich die Haare und es war ja auch wirklich zum Davonlaufen. Andrea Salvatore hatte sich den Ball abnehmen lassen und stand frustriert und kopfschüttelnd auf dem Rasen wie ein begossener Pudel.

»Den können die Ittaker auch noch gleich mit dazunehmen zu seinem Bruder! Den geben wir kostenlos ab – und legen sogar noch was drauf«, maulte der Nörgler munter weiter.

Horst fühlte eine Hand auf seiner Schulter. »Also, ich geh dann mal eine Stadionwurst holen! Ihr habt mir doch davon so vorgeschwärmt.« Protnik erhob sich mit einem Ruck. »Außerdem habe ich einen Mordshunger. Wer will noch eine?«, fragend schaute er von Fabian zu Horst. »Alles klar«, strahlte er zufrieden. »Also dann, dreimal Stadionwurst mit Senf! Wenn ich noch mal bitten dürfte.«, wandte er sich mit zuckersüßem Lächeln an seinen Nebensitzer, der sich mit gerunzelter Stirn zum zweiten Mal während des Spieles erheben musste, um den mit einer ordentlichen Leibesfülle gesegneten Sputnik an sich vorbeischieben zu lassen.

»Für manche Leute müsste es ein Stadionverbot geben«, grummelte er entnervt und sandte dem hungrigen Russlanddeutschen einen bitterbösen Blick hinterher.

7

»Ja, lüg ich denn!« Wütend sprang Horst von seinem Plastiksitz in die Höhe und hieb mit zorngeröteter Miene seine Fäuste auf die Oberschenkel. »Ist der von allen guten Geistern verlassen? Was macht der Kerl denn da?« Fassungslos tippte er sich an die Stirn. »Das ist doch nicht mehr derselbe Spieler wie der, den wir noch vor zwei Wochen gesehen haben! Das gibt's doch gar nicht!«

Auch Fabian starrte ungläubig nach unten, wo die Nummer 29 mit hängenden Schultern auf dem Rasen stand. Wieder war er bereits im Strafraum gestanden und wieder hatte er völlig freie Schussbahn, als der Ball nach einem präzisen Pass seines Mitspielers direkt vor seinen Füßen lag. Und dieses Mal hatte er das Leder im Eifer des Gefechts nicht einmal getroffen! Sekundenbruchteile später war die Chance vertan, ein gegnerischer Stürmer hatte ihm den Ball weggespitzelt und Andrea Salvatore musste das erste gellende Pfeifkonzert seiner noch jungen Karriere über sich ergehen lassen.

»Wird auf alle Fälle Zeit, dass die Nusche da unten ausgewechselt wird!« bemerkte Michael Protnik trocken und kaute gelangweilt auf seiner Stadionwurst, während er mit ausgestrecktem Arm hinunter auf das Spielfeld deutete.

Unwillig wandte Horst sich um. »Jetzt mach aber mal halblang! So weit sind wir dann doch noch nicht!«, erwiderte er und bedachte den Freund mit einem tadelnden Blick. »Und im übrigen würde ich mir an deiner Stelle erst mal den Senf vom Kinn wischen, ehe ich über talentierte Nachwuchsspieler herziehe!«

Protnik tat, wie ihm geheißen, und spülte die letzten Reste der Stadionwurst mit einem langen Schluck aus einem Plastikbecher hinunter. »Na, das ist aber vielleicht was Feines!«, verzog er wenig begeistert den Mund. »Sportbier! Fast bleifrei! So schmeckt's auch! Na ja, passend zum ganzen Kick hier!«

»Ja, sag mal, kann man dir denn überhaupt was recht machen?«, schüttelte Horst entrüstet den Kopf. »Das hat schon seinen Sinn mit dem weniger Alkohol im Stadionbier, das liegt doch eigentlich auf der Hand, oder? Solltest du als Experte ja eigentlich verstehen! Im Übrigen«, kam er auf Protniks vorhin geäußerte Expertenmeinung zurück, »vor einer halben Stunde, da hast du noch behauptet, du hättest eh keine Ahnung vom Fußball, und jetzt willst du schon wissen, wer ausgewechselt werden muss!«

»Schlaues Kerlchen eben, müsst ihr doch zugeben. Der Hit ist dieses Ballgeschiebe da unten ja wirklich nicht! Also, wenn das Fußball sein soll, dann weiß ich auch nicht«, gab sich der Sputnik alles andere als schnell geschlagen. »Was meinst du denn dazu, Fabian?« Er suchte nun bei Meyer jr. ganz offenkundig nach einem Verbündeten.

»Weiß nicht«, murmelte der geknickt und verfolgte mit wesentlich weniger großer Euphorie als zu Beginn den weiteren Verlauf des Spiels.

»Steht auf, wenn ihr Schwaben seid!« donnerte es aus den Lautsprechern. »Auf geht's, VfB!«

»Scheint ja nicht allzu viele von der Sorte zu geben«, grinste Protnik, der sich interessiert auf den Rängen umschaute. »Du, die sind alle sitzengeblieben!«, stupste er Horst von hinten mit dem Zeigefinger.

»Das soll ja auch nur ein sinnbildlicher Spruch sein, du Nervensäge«, gab der so Angesprochene zurück, ohne sich umzudrehen. Der Kerl konnte einem auch wirklich den allerletzten Nerv rauben. Nie wieder mit Protnik ins Stadion, so viel stand fest.

Doch der gab keine Ruhe. »Und sag mal, was ist denn das für ein Kasper da unten?«, deutete er mit dem ausgestreckten Arm auf die Tartanbahn.

»Wo denn?«

»Na, da unten! Das grüne Steifftier da! Und dann noch dieser Bär dort! Das sieht ja aus wie bei der Augsburger Puppenkiste! Urmel auf dem Eis oder so!«

»Aber das ist doch das Fritzle!«, legte Fabian alle Anzeichen von Verwunderung über die Unwissenheit des Onkels an den Tag.

»Und wer bitte ist dieser Fritzle?«

»Das ist das Maskottchen vom VfB! Das Fritzle halt!«

War doch logisch, oder?

»Und wieso ist das ein Krokodil«, gab der Quälgeist noch immer keine Ruhe.

»Damit man solche Dauerquassler wie dich besser fressen kann!«, fauchte einer der Zuschauer, die den Dialog mit wachsendem Unmut verfolgt hatten, böse von hinten. »Schnauze jetzt! Ich will das Spiel sehen und keine Talkshow hören!«

»Immer noch Sie, ja?«, zischte Protnik warnend. »Ich kann mich nicht daran erinnern, dass wir früher mal im Sandkasten zusammen gespielt hätten ...«

»Ach, rutsch mir doch den Buckel runter!«, winkte der andere ab.

Bevor sich Protnik zu einer weiteren Replik aufschwingen konnte, legte ihm ein anderer Zuschauer schwer die Hand auf die Schulter. »Sie haben es doch gehört!«, knurrte er mit drohendem Unterton. »Wir wollen jetzt das Spiel sehen und mit keinen Besserwissern diskutieren! Klar?« Ohne sich um die Antwort zu kümmern, zog der Mann seine Hand wieder von der Schulter weg und lehnte sich mit entschlossen verschränkten Armen zurück.

Protnik hatte verstanden! Den Rest des Spieles über war von ihm kein Mucks mehr zu hören.

8

»Also wirklich, ein Unentschieden hätte ich nicht erwartet! 1:1 – und dann auch nur mit knapper Not!« Horst war mit dem Verlauf der heutigen Begegnung alles andere als zufrieden und ließ die zahlreichen hochkarätigen Chancen noch einmal Revue passieren, die seine Mannschaft versiebt hatte. Dicht an dicht drängten sie mit den anderen Zuschauern in Richtung Ausgang.

»Ich hab schon befürchtet, dass die gar kein Tor mehr schießen.« Bei Fabian war ebenso wenig Begeisterung über den Spielverlauf vorhanden.

»Haben sie ja streng genommen auch nicht! Wenn der nicht aus Versehen den Ball ins eigene Tor geköpft hätte, dieser Verteidiger ... Ich glaube, die Jungs hätten noch drei Stunden weiterspielen können und kein Tor hinein bekommen!«

»Hast du gesehen, wie sauer die Fans von denen gewesen sind?«, fragte Fabian und deutete auf eine Gruppe weiß-grün gekleideter Anhänger der gegnerischen Mannschaft, die den – aus ihrer Sicht unglücklichen – Ausgleichstreffer für den VfB heftig zu diskutieren schienen.

»Klar! Wenn du zwei Minuten vor dem Ende noch 1:0 führst und das bei einem Spiel, wo du zunächst eigentlich nur gehofft hast, dass deine Mannschaft mit nicht mehr als zwei Toren Unterschied verlieren möge. Das ist dann ein regelrechtes Wechselbad der Gefühle, wenn sich das Blatt so erkennbar gewendet hat. Dann will man auch gewinnen, klar!«

»He, passt doch auf!«. Tönte die ärgerliche Stimme von Michael Protnik hinter ihnen. Die Meyers wandten sich um. Da stand der Freund und Kollege, mit vorwurfsvoller Miene funkelte er ins vom Stadion-Sportlerbier bereits ordentlich erhitzte Antlitz von fünf in weißgrüne Trikots gekleideten Jugendlichen. »Also schneller geht's nicht! Das seht ihr doch! Da muss man einen doch nicht gleich anrempeln! Meine Güte!«

»He, Alter! Was'n los?«, krakeelten die Jungs wie auf ein Stichwort los, auf das sie schon lange gewartet zu haben schienen.

»Willste spüren, wie 'ne Faust aus'm Ruhrpott schmeckt, was?« Drohend rückten sie noch näher zu Protnik auf.

»Michael, komm!« Horst zupfte den Kollegen am Ärmel, als er bemerkte, dass der tatsächlich Anstalten machte, sich den Kerlen zu stellen. »Das bringt doch nichts!«

Von hinten nahte Verstärkung der gegnerischen Truppen, die förmlich zu riechen schienen, dass sich hier etwas aufbaute, wo man sich seiner Aggressionen fröhlich würde entledigen können.

»Stehst im Scheißhaus, hebst den Deckel. Was kommt raus? Ein Schwabenseckel!«, dröhnte es da mit einer kaum für möglich gehaltenen Lautstärke an ihre Ohren.

Damit war das Stichwort gefallen!

»Was? Was sagt der?«

»Mensch, Kerle, ich sag's dir, noch ein Wort, und du kannst mit deinen Zähnen ab morgen Puzzle spielen!«

»Ruhrpottindianer!«

»Schwabenseckel!«

»Sag das noch einmal!«

»Schwabenseckel!«

»Komm!« Geistesgegenwärtig packte Horst fest den Arm seines Sohnes und schob ihn mit energischem Druck zwischen den Leuten hindurch, vom Schauplatz des Geschehens weg nach draußen.

Kurz bevor sie um die Kurve bogen, blickte er noch einmal hinter sich. Dort sah er mitten im Getümmel den Sputnik stehen, der mit seinen gut und gerne 115 Kilo Lebendgewicht wie ein Fels in der Brandung wirkte, während die Angriffswellen in kontinuierlicher Reihenfolge auf ihn hereinkrachten.

9

»Ach, du meine Güte! Du siehst ja aus, als wenn du mit einer Bowlingkugel Kopfball geübt hättest!« Staunend nahm Horst den heftig malträtierten Sputnik ins Visier, der mit hängendem Kopf auf einer Treppenstufe des Stadions hockte und dumpf vor sich auf den Boden glotzte. »Soll ich dir einen Eisbeutel holen, oder sonst was?«

»Hmmh!«, brummelte der Boxweltmeister müde.

»Aber sonst geht's dir gut, oder sollen wir zum Doktor gehen?« Horst machte sich wirklich Sorgen um den Gesundheitszustand des Kollegen.

»Nein, geht schon!« kam es diesmal deutlich zurück.

»Also, das war ja vielleicht ein Ding! Ein paar Minuten noch und ihr wärt heute Abend in der Tagesschau gekommen! Massenschlägerei im Daimlerstadion!« Die Situation war ganz schön kritisch, in die der Michael Protnik da nichtsahnend geraten war. Eine Hand voll alkoholisierter Fans, die sich auf der Suche nach einem Blitzableiter befanden, ein argloser Zeitgenosse, ein paar dumme zielgerichtete Bemerkungen, und schon ging der Deckel hoch! Als er sich und seinen Sohn in Sicherheit wähnte, hatten sich die beiden dem Kampfgetümmel vorsichtig wieder genähert, doch mit beeindruckender Schnelligkeit waren bereits die im gesamten Stadion verteilten Sicherheitskräfte ans Werk gegangen und bereiteten dem Spuk ein jähes Ende.

»Das war wirklich Klasse, wie die Jungs von der Security den Braten sofort gerochen haben!« Horst nickte anerkennend. »Wer weiß, was sonst daraus hätte entstehen können! Aber genau aus diesem Grund gibt es solche Leute ja! Ich bin mir ganz sicher, dass die diese Idioten bereits im Visier gehabt haben und sie bald am Kragen gepackt hätten, wenn du dich nicht sozusagen in letzter Sekunde hilfreich in den Weg gestellt hättest.« Er konnte es halt nicht lassen: Er hatte dem Sputnik eben doch wieder einen seiner berühmt-berüchtigten Kommentare mit auf den weiteren Leidensweg geben müssen! Doch in den Kollegen schien glücklicherweise allmählich neue Kraft zu strömen. Er war also auch mental endlich wieder weit genug hergestellt, um solches verkraften zu können, oder besser, zu müssen.

»Aber diesen Kerl, der mir fast das Nasenbein zertrümmert hätte, wenn ich den zwischen die Finger bekomme! Na warte!« Protnik ballte vor Empörung die Fäuste und knirschte mit den Zähnen. »Ich hab mir dem seine Visage ganz genau gemerkt! Der soll mir bloß unterkommen!«

»Jetzt halt aber mal den Rand!«, fuhr Horst dem Freund unwirsch in die Parade. »Der hat dich in Wirklichkeit vor Schlimmerem bewahrt.«

»... indem er mir gezielt eins zwischen die Hörner klatschte! Also wirklich! Du hast vielleicht merkwürdige Vorstellungen von Hilfe!«

»Was hätte er denn anderes machen sollen? Jetzt versetz dich doch bloß mal in die Lage von so einem Ordner!«, tippte sich Horst vielsagend an die Schläfe. »Der sieht, wie urplötzlich ein Riesentumult entsteht. Also genau das, was er verhindern soll. Was macht man da? Man schießt los und versucht, die Kampfhähne so schnell wie möglich auseinander zu pflücken, bevor alles nur noch schlimmer wird! Und deshalb wirft man sich ins Getümmel, ohne Rücksicht auf Verluste!«

»Ohne Rücksicht auf Verluste!« Protnik stampfte verärgert mit dem Fuß auf den Boden. »Man schlägt doch nicht einfach so drauflos.«

»So, wie du, mein Lieber!« Es war klar, der Sputnik würde auf jeden Fall das letzte Wort in dieser Angelegenheit für sich reklamieren. »Sei bloß froh, dass glücklicherweise keine Polizei aufgetaucht ist! Das hätte dann nämlich den nächsten Schlamassel verursacht!«

»Ja sonst noch was!«, entrüstete sich der andere und betastete kummervoll seine stattliche Anzahl an blauen Flecken. »Bin ich vielleicht ein Schwerverbrecher, der sich vor den eigenen Kollegen verstecken muss, oder was?!«

»Also, wenn man dich so mittendrin im Gewühle gesehen hat ...« Horst grinste. »Aber mal ehrlich, überleg mal, wenn die Kollegen irgendwann mitbekommen hätten, dass du da vorne mit dabei warst bei der Schlägerei! Ein Kripomann unter ausgeflippten Fans! Womöglich hättest du dich dann noch mit einem von den Kollegen auf dem Boden gewälzt! Komm, wirklich! Gut, dass keiner mitgekriegt hat, wo du deine Brötchen verdienst!«

So ganz überzeugen ließ sich der Sputnik zwar noch nicht von diesen Argumenten, andererseits aber blieb er stumm und starrte blicklos in die Ferne.

»Was ich dich aber schon noch fragen wollte: Wieso bist du denn eigentlich so ausgeflippt vorhin, als die das mit dem Schwabenseckel gerufen haben? Du bist doch von Hause aus gar kein Schwabe!«

Protnik blies unwillig die Luft aus den Nasenflügeln. »Wenn ich mich aber angesprochen gefühlt habe! Vorhin beim Spiel, da haben wir's doch noch davon gehabt: Steh auf, wenn du ein Schwabe bist! Und außerdem, es war doch klar, dass mich der Kerl hat provozieren wollen, Schwabenseckel hin oder her!«

Horst atmete tief durch, dann entschied er sich dafür, die Entgegnung, die ihm auf der Zunge lag, hinunterzuschlucken. Es war manchmal einfach besser, gar nichts zu sagen! Bei Michael Protnik und seinen eigenwilligen Gedankengängen allemal!

10

Erschöpft wischte sich der Zahnarzt den Schweiß von der Stirn und straffte den schmerzenden Rücken. »So, und jetzt sagen Sie mir bitte, wer um alles in der Welt hat Sie dermaßen zugerichtet?«

Er musterte das vor ihm auf dem Behandlungsstuhl kauernde Häufchen Elend mit gerunzelter Stirn. Der junge Mann hielt seine Augen starr zur Praxisdecke gerichtet und atmete mit flachen hektischen Zügen.

Sekundenlang herrschte Stille im Raum. Absolut untypische, beklemmende Stille. Der Zahnarzt begann zu frösteln: Er ahnte, dass es sich bei dem unglaublichen Behandlungsfehler, den er im Mund des Patienten zu reparieren versucht hatte, um etwas ganz anderes handelte, ja handeln musste. Etwas, mit dem er auf gar keinen Fall in Berührung kommen wollte. Nein danke! Aber dennoch, irgend etwas in ihm rebellierte.

»Hören Sie«, begann er mit gesenkter Stimme. »Das, was ich hier gesehen habe, ist alles andere als normal! Und ich denke, wir sollten das auch nicht auf sich beruhen lassen.« Er stockte, als die Tür des Behandlungszimmers vorsichtig geöffnet wurde und eine der Sprechstundenhilfen fragend ihren Kopf hereinstreckte. »Herr

Dr. Berger, wir wären dann so weit.«, begann sie diplomatisch.

»Schon gut, Sabine! Ich weiß, dass wir in Verzug sind!« Er blickte nachdenklich auf seine Armbanduhr. »Sagen Sie den Leuten im Wartezimmer bitte, dass es sich um einen Notfall gehandelt hat. In einer Viertelstunde geht's weiter!«

Die weiß gekleidete Zahnarzthelferin nickte stumm und schloss die Tür hinter sich genauso vorsichtig, wie sie diese vorhin geöffnet hatte.

»So, jetzt also noch einmal zu uns!«, wandte sich der Arzt wieder an seinen Patienten. »Sie sollten mir sagen, wer das gewesen ist, damit wir einmal Tacheles miteinander reden können! Solchen Leuten gehört auf jeden Fall das Handwerk gelegt, und zwar schnell!«

Der junge Mann auf dem Stuhl stieß einen langgezogenen jammervollen Ton aus und bewegte schwach den Kopf.

»Sie wollen nicht reden?«, deutete der Zahnarzt diese Geste. »Dann sollte ich aber doch besser die Polizei informieren!« Er erhob sich und ging zum Schreibtisch hinüber, wo er die Hand nach dem Telefon ausstreckte, als mit einem Mal Leben in den Jungen kam.

»Nein, lassen Sie das! Tun Sie das nicht«, keuchte er mit panisch geweiteten Augen. »Das dürfen Sie nicht! Madonna, nein! Das ist ... das wäre ...« Er suchte krampfhaft nach den richtigen Worten. »Das wollen die nicht ... Nein, nein, das geht nicht! Bitte!« Er blickte den Arzt flehentlich an. »Bitte! Bitte lassen Sie es sein! Das wäre nicht gut für mich – und für Sie auch nicht ...«, setzte er leise noch hinzu, bevor er sein Kinn deprimiert auf die Brust sinken ließ.

Wieder kroch dem Arzt eine Gänsehaut über den Rücken, während er den Arm vom Telefonhörer zurückzog und sich langsam auf seinen Schreibtischstuhl niederließ.

11

Der blonde Spieler mit der Rückennummer 29 hielt sein Kinn tief auf die Brust gesenkt, während das Donnerwetter über ihn hereinbrach.

»Sag mal, Andrea, was war denn das für ein Gekicke gestern? Ich hab ja gedacht, ich bin im falschen Film, als ich dich da im Strafraum habe herumstolpern sehen!« Der Trainer hatte die Hände in die Hüften gestemmt und fixierte die Nachwuchshoffnung des VfB Stuttgart nachdenklich. »Das war ja plötzlich so, als hättest du bei Tempo 180 die Handbremse gezogen! Fehlt dir irgendwas?«

Traurig schüttelte der Junge den Kopf, während er weiter angestrengt auf den Rasen des Trainingsgeländes starrte. »Nein, eigentlich nicht!«, murmelte er leise.

»Und uneigentlich?«, runzelte der Trainer kritisch die Stirn. »Was soll das denn heißen?«

»Nichts ... Nein, nein, Trainer, ist schon gut.«

»Das hört sich aber alles andere als gut an«, ließ der Mann im rot-weißen Trainingsanzug jedoch nicht locker. »Du weißt ja, wir haben schließlich abgemacht: Wenn dich irgendwo der Schuh drückt, dann raus damit!«

Der junge Mann nickte stumm.

»Oder soll ich dir mal ein, zwei Spiele Pause geben? Vielleicht hast du in der letzten Zeit einfach zu viel gespielt. Und bevor der Akku ganz leer ist ...«

»Nein, bitte nicht!« Als hätte er nur auf dieses Stichwort gewartet, hob Andrea Salvatore den Kopf und drückte den Oberkörper durch. Mit einem Schlag schien die Energie in seinen Körper zurückgeströmt zu sein. »Das war halt nur ein Aussetzer, nichts Ernstes! Bitte lassen Sie mich in der Mannschaft! Ich will doch spielen!«

»Das will ich ja auch«, lächelte der Trainer, erstaunt und gleichzeitig zufrieden über die Wandlung, die sich in seinem Zögling da urplötzlich vollzogen hatte. Er legte den Arm um den Jungen und tätschelte dessen Schulter. »So gefällst du mir auch schon viel besser! Auch das gehört zum Geschäft, dass man nicht wegen ein oder zwei misslungenen Aktionen gleich wochenlang mit der Elefantenkrankheit herumläuft ...«

»Elefantenkrankheit?« runzelte Andrea die Stirn.

»Wenn man den Rüssel hängen lässt! Das ist die Elefantenkrankheit!«

»Ach so!« grinste der Spieler amüsiert, um anschließend mit neuer Entschlossenheit noch hinzuzufügen: »Nein, nein! Keine Sorge! So schnell lasse ich mich nicht kleinkriegen!«

»Na dann!« Der Trainer gab ihm einen leichten Schubs nach vorne. »Dann auf jetzt mit den anderen zum Dauerlauf! Zehn Runden um den Platz – zum warm werden! Und ab die Post!«

Postwendend trabte Andrea los. »Alles klar! Und im nächsten Spiel mache ich wieder mein Tor, versprochen, Trainer!«, rief er fröhlich zurück.

»Hoffentlich«, murmelte der Übungsleiter, dessen Sorgenfalten auch nach diesem Gespräch nicht völlig verschwunden waren. »Irgendetwas ist mit dem Burschen los ... Aber was?« Er zuckte nachdenklich die Achseln und trabte seinem Schützling langsam hinterher.

12

Das Telefon im Flur des Meyerschen Reihenhauses läutete laut und durchdringend. Einmal – zweimal – dreimal – viermal – und keinerlei Reaktion war zu vernehmen. »Das gibt's doch nicht!« Ärgerlich ließ Horst Meyer die Zeitung sinken, in die er sich nach getaner Arbeit an diesem Samstagnachmittag endlich hatte vertiefen können. »Da stellt wieder jeder die Ohren auf Durchzug!« Erneut klingelte es, wieder ohne jegliche Folgen. »Fabian! Nina!« rief der genervte Zeitungsleser ungehalten durch das Haus. »Geh doch mal einer von euch ran! Das ist doch sowieso wieder für euch!«

Neuerliches Klingeln, nunmehr begleitet von einer mürrischen Mädchenstimme. »Immer ich! Immer muss ich ran! Wahrscheinlich ist es doch wieder nur für den Fabian!«

Horst hörte seine Tochter mit raschen Schritten die Treppe heruntereilen und den Hörer abnehmen. »Ja? Nina Meyer. Mit wem spreche ich? Hallo! Hallo!« Der helle Ton der akustischen Ladeanzeige piepste: Ein Zeichen dafür, dass das Mobilteil des Telefons wieder zurück in den Hausapparat gestellt wurde. »Keiner dran! So ein Mist!« Missgelaunt stapfte das Mädchen wieder hoch in ihr Zimmer. »Aber das nächste Mal geht der Fabian, dass das klar ist!«

Sie hatte noch nicht einmal richtig ausgesprochen, da klingelte das Telefon neuerlich.

»Aber jetzt gehe ich nimmer!« Lautes Türklopfen von oben untermauerte diese Feststellung. »Fabian! Jetzt bist du dran! Jetzt mach halt endlich die Türe auf!«

Während das Telefon munter weiterläutete, zeigte das heftige Klopfen an der Zimmertüre des Bruders nun doch erste Erfolge. »Ich komm ja schon!«

Dieses Mal waren es die Füße von Fabian, die unter heftigem Gepolter die Treppe hinunterstürmten.

»Ja? Fabian Meyer hier! Hallo?«

Immerhin, eine einigermaßen ordentliche Begrüßung am Telefon hatten sie ihren Kindern beigebracht – falls diese dazu bewegt werden konnten, sich dem Fernsprechapparat zu nähern! Ein zufriedenes Lächeln spielte um Horsts Mundwinkel, während er neugierig dem Telefonat lauschte.

»Au! Ja! Doch, das wäre prima! Klar!« So wie es sich anhörte, war das Gespräch beim richtigen Adressaten gelandet – und dort auch noch auf fruchtbaren Boden gefallen! Doch das Schicksal wendete sich augenblicklich!

»Ja, Onkel Michael! Mache ich! Ich geb ihn dir! Ja, tschüss dann!« Im selben Moment kam Fabian auch schon lächelnd, den Telefonhörer am Ohr, ins Wohnzimmer und überreichte das Telefon an seinen Vater. »Da, Papa! Für dich! Der Onkel Michael ist dran! Der hat eine tolle Überraschung für uns!« Voller Freude klatschte der Junge in die Hände.

Weit weniger euphorisch übernahm Horst das Mobilteil. Der Sputnik! Wer sonst?! Natürlich hatte er normalerweise nichts gegen ein Telefonat mit dem langjährigen Freund und Kollegen einzuwenden, schon gar nicht während seiner Bürozeiten, aber ausgerechnet jetzt, am heiligen Samstagnachmittag, beziehungsweise fast schon am Abend, wie ihn ein Blick aus dem Fenster belehrte. Solche Telefonate konnten dauern, das hatte Horst bereits des öfteren erfahren müssen! Vor allem dann, wenn der Wochenendtarif die Telefoniererei wesentlich günstiger gestaltete als an Werktagen, was bei Protnik, diesem Erzschwaben von einem Russlanddeutschen, ein nicht zu unterschätzendes Argument darstellte. Also dann, von wegen Zeitungslektüre! Mal hören, welche Überraschung der Freund aus Ulm da wieder auf Lager haben würde.

»Hallo, Michael!«, zwang er sich, einigermaßen freudig-überrascht zu klingen. »Was gibt es denn für tolle Neuigkeiten?«

Das Angebot, das vom anderen Ende der Verbindung an Horsts Ohr drang, war wirklich nicht schlecht. Da musste er dem Filius in der Tat zustimmen!

»Nächsten Samstag sagst du? Zum Heimspiel VfB gegen 60? Wäre nicht schlecht, doch! Da geht's immer ganz schön zur Sache! Na ja, muss mal überlegen, wie das mit dem Taschengeld so ist, das ich noch zur Verfügung habe,« begann er augenblicklich ein Pokerspiel, mit dem er selbstredend ein klares Ziel verfolgte.

Der andere ließ sich bereitwillig darauf ein. Fast schon allzu rasch für Horsts Empfinden.

»Nein, Michael! Das muss doch wirklich nicht sein!«, zierte er sich noch ein bisschen. »Du musst da nicht alles zahlen! Nein! Das habe ich doch letztes Mal nur so dahergesagt, im ersten Ärger, als ich die Karten dann doppelt gekauft habe ... Du musst jetzt nicht meinen, das wieder gut machen zu müssen!«

Wie lange durfte man dem großzügigen Angebot heldenhaft widerstehen, ohne dass der andere nachgab? Nur noch ein kleines bisschen ...

»Nein, Michael, wirklich ... Aber nur, wenn es unbedingt sein muss! Also ja, meinetwegen! Aber recht ist mir das gar nicht!«, log der Schleimer, dass sich die Balken bogen. »Nun denn, also abgemacht! Am nächsten Samstag gegen 60 im Daimler-Stadion!«

Horst schnaufte durch. Es war in der Tat knapp geworden! Der Schwabe in Protnik war bereits drauf und dran gewesen, die Oberhand zu gewinnen! In letzter Sekunde aber war Horst in die Knie gegangen und hatte so den Geiz des anderen niedergerungen. Er lächelte amüsiert in sich hinein. Eine schöne neue Sportart, bei der derjenige die Oberhand behielt, der als Erster zu Boden ging! Und durchaus nicht einfach!

»Aber wie machen wir es dann mit den Karten? Du weißt doch, nicht dass wieder dasselbe passiert, wie beim letzten Mal?«

»Aber nein, von wegen! Ich habe meine Lektion gelernt, das kannst du mir glauben! Mit dem Auto fahre ich da nie wieder hin! Nein, wir kommen dieses Mal mit dem Zug von Ulm her!«, tönte es fröhlich und entschlossen aus dem Hörer.

»Wir?!« Horst vermeinte, nicht richtig gehört zu haben. »Wer ist wir?«

»Na, die Uschi und ich natürlich!«

Es war wie immer bei Protnik: Ein Pferdefuß war halt doch jedes Mal dabei. In diesem Falle einer mit Namen Uschi! »Uschi! Aber ich denke, die Uschi interessiert sich gar nicht für Fußball!« Horst überlegte krampfhaft, wie er den anderen davon abhalten konnte, sich bewaffnet mit dem Bebele ins fußballerische Getümmel zu stürzen.

Doch der Kampf war ein hoffnungsloser. »Lass mal gut sein, Horst! Ich hab das der Uschi selber schon versucht, klarzumachen! Und ich weiß ja, wovon ich spreche: Hab ja selber nicht allzu viel Ahnung vom Fußball! Aber ich habe wohl zu sehr von dieser Atmosphäre im Stadion geschwärmt ...«

»... und von der Stadionwurst!«, knurrte Horst verdrießlich, hatte aber geistesgegenwärtig, noch gerade rechtzeitig, die Hand auf den Hörer gelegt.

»Wie? Hast du was gesagt?«

»Nein, nein! Schon gut!«

»Na dann! Tja – und außerdem hat sie mir schon ein bisschen die Hölle heiß gemacht, als ich da letzten Samstag nach dem Spiel mit den vielen blauen Flecken nach Hause gekommen bin. Das kannst du dir ja sicher denken, oder?!«

Horst konnte! »Allerdings! Das glaube ich dir aufs Wort!«

»Ich habe ihr zur Beruhigung versprechen müssen, dass sie beim nächsten Mal mit dabei ist ...«

»... als Begleitschutz sozusagen!« Es war nicht zu fassen!

»Wenn du das so sehen willst, ja! Aber immer noch besser, als gar nicht gehen zu können, oder?«

Da hatte der Sputnik nun auch wieder Recht. »Also gut, gehen wir wieder zum VfB! Und die Uschi kommt mit«, lenkte Horst versöhnlich ein. »Schließlich kann man die Arme ja nicht mutterseelenallein zuhause in der Butze sitzen lassen, während im Stadion der Bär tobt!«

»Komm, lass die Häme!« Irgendwann merkte selbst Protnik, dass er zur Zielscheibe spöttischer Bemerkungen geworden war! »Du, übrigens, was ich dich noch fragen wollte ...«

»Jetzt mach's schon nicht so spannend!«

»Ich hab da grade Radio gehört, Fußball Bundesliga!«

»Ja – und?« Da schien es sich ja um eine äußerst bemerkenswerte Angelegenheit zu handeln, wenn man diese dermaßen zelebrieren musste!

»Schließlich will ich nächsten Samstag schon ein bisschen besser vorbereitet im Stadion sitzen, um der Uschi auch alles erklären zu können«, warf sich der Angeber via Telefonleitung stolz in die Brust. »Auf alle Fälle hat vorhin der Reporter vom VfB-Auswärtsspiel berichtet, mehr als ein 0:0 haben die ja nicht hingekriegt ...«

»Protnik!« Horst hätte ihn – wieder einmal - umbringen können! Es war schließlich seit Jahren gute Tradition in der Familie Meyer, sich nicht am Radioapparat über den Ausgang der Bundesligabegegnung zu informieren, sondern – sofern man zuhause war und die entsprechende Zeit dafür aufbringen konnte – sich am Abend gemütlich auf das Sofa zu lümmeln und sich die Spielberichte einen nach dem anderen am Bildschirm zu Gemüte zu führen. Aber bitte, ohne dass das Resultat vorher bereits bekannt war! Und jetzt? Die ganze Spannung war so innerhalb von Sekundenbruchteilen beim Teufel!

»Was ist denn?« Selbst der Sputnik mit seiner dicken Hornhaut auf der Seele hatte die Säuernis in Horsts Stimme bemerkt. »Kann ich doch nix dafür, wenn die keine Tore schießen!«

»Michael! Ich hätte mir das Spiel nachher gerne im Fernsehen angeguckt!«

»Na und? Dann tu's doch!«

Der Kerl begriff wieder rein gar nichts! »Es macht aber mehr Spaß, wenn man nicht weiß, wie es ausgegangen ist!«

»Ach so! Du meinst ... Jetzt begreife ich! Ich hätte dir das mit dem 0:0 gar nicht sagen sollen! Schon passiert! Dann kann ich dir ja jetzt auch gleich sagen, wie Bayern M ...«

»Michael! Halt den Mund! Sonst passiert der erste Mord der Weltgeschichte durch das Telefon hindurch!«

Horst konnte die Kanaille am anderen Ende schadenfroh grinsen sehen! »Schon gut, schon gut! Ich sag ja nicht, ob die Bayern nun 2:0 gewonnen haben oder nicht!«

»Protnik!«

»Hab doch gar nix gesagt! Also, was ich aber eigentlich fragen wollte ... Wie hieß das noch mal?« Er unterbrach sich kurz und schien zu überlegen. »Ja, richtig! Jetzt weiß ich's wieder. Der Reporter im Radio, der hat so eine komische Formulierung gebraucht, von wegen pomadige Spielweise oder so. Was soll das denn heißen, pomadig? Das ist doch was für die Haare, oder?«

Also wirklich! Der Sputnik war sein Geld schon wert – irgendwie jedenfalls ... »Ja, Michael, das ist was für die Haare, ganz recht!« Was sollte man auch anderes sagen?

»He, komm, Hotte! Jetzt sag schon! Was soll das denn in Wirklichkeit heißen?«

Wie sag ich's meinem Kinde? »Das kann man nicht so einfach übersetzen, das muss man sehen ...«

»Das war aber Radio: Da kann man nix sehen!«

»Michael! Bitte!« Der Kerl konnte einen aber wirklich um den Verstand bringen. »Ich zeige es dir, wenn wir am nächsten Samstag im Stadion sind! Das ist halt so eine blöde Redensart von diesen Reportern. Die bringen ja schließlich am laufenden Meter auch andere Stilblüten – weil sie halt die ganze Zeit über quasseln müssen. Die sprechen anstatt vom Ball dann vom Leder, oder statt Schiedsrichter sagen sie Pfeifenmann und so weiter ...«

»Mmh ...«, Protnik schien zu überlegen, was er von derlei Ausdrucksweisen zu halten hatte. »Sachen gibt's ...«

Um nicht noch tiefer in eine am Ende doch recht fruchtlose Diskussion über Sinn und Unsinn fußballtechnischer Grundbegriffe hineinzugeraten, trat Horst die Flucht nach vorne an. »Also, Michael. Dann ist das mit dem Samstag abgemacht, ja? Aber die Karten, die kauft doch besser jeder für sich. Du kannst mir das Geld dann ja im Stadion wieder geben. Das ist auf jeden Fall besser, als sich nochmals zu verpassen und den Eintritt dann zweimal zu bezahlen.«

»Nein, lass mal ...«, wehrte Protnik entschieden ab. »Dieses Mal kriegen wir das auf die Reihe, hundertprozentig! Ich hab mir im Internet schon die ganzen Fahrpläne angeguckt. Wir sind rechtzeitig im Hauptbahnhof mit unserem Zug, und dann könnten wir uns doch am besten um halb drei gleich unten am S-Bahnsteig treffen. Von dort fährt ja dann die S 1 direkt bis zum Haltepunkt Daimler-Stadion. Hab ich alles rausgekriegt, per Computer!«

Der Kollege als Internet-Spezialist! Donnerwetter! Wer hätte das gedacht?! Wo der noch vor wenigen Jahren nicht einmal einen Gameboy von einem Computer hatte unterscheiden können! »Klasse, Michael, das hast du super gemacht, das muss dir der Neid lassen! Also gut, so machen wir`s! Sag der Uschi aber Bescheid, dass wir dann schon noch 500 Meter marschieren müssen, vom S-Bahnhof bis zum Stadion. Nicht dass die wieder ihre Ballettschuhe anzieht – du weißt ja, was ich meine …«, spielte Horst auf so manches Ereignis in der Vergangenheit an, wo das Bebele völlig »overdressed« und mit Blasen an den Füßen eine gemeinsame Wanderung bereits im Frühstadium hatte beenden müssen.

»Na klar, weiß ich das! Guck du lieber mal zu, dass du dann pünktlich bist!«

»Das sagt der Richtige! Alles klar, Michael, nächsten Samstag, 14 Uhr 30, S-Bahnsteig am Hauptbahnhof. Direkt bei der S 1! Und du besorgst definitiv die Karten!«

»Mach ich! Auch per Internet!« tönte es stolz durchs Telefon. »Also dann, tschüss bis zur nächsten Woche! Das heißt, halt! Jetzt kann ich dir's ja sagen, Horst …«

Was konnte denn nun noch kommen? »Ja? Was?«

»Die haben gar nicht 0:0 gespielt, der VfB! Wollte dich bloß ein bisschen auf den Arm nehmen! Es ist in Wirklichkeit 1:1 ausgegangen, das Spiel. Na ja, letzten Endes auch nicht besser, unentschieden bleibt unentschieden, gell?«

Bevor Horst zu einer gewaltigen Schimpfkanonade ansetzen konnte, mit deren Folge sich später eine ganze Heerschar von Juristen hätte auseinandersetzen können, hatte der Sputnik die Verbindung bereits geistesgegenwärtig unterbrochen. 1 : 0 für ihn, eindeutig! Aber irgendwann würde es ein Rückspiel geben …

13

»Also, was meinst du, Giancarlo? Hat die Behandlung ihre Wirkung gehabt oder nicht?« Der große, schlanke Mann strich sich vorsichtig über die grauen Haare, während er sein Gegenüber mit zynischem Grinsen musterte. »Und hoffentlich war sie nicht allzu sorgfältig! Nicht dass sich unser Jungstar jetzt nur noch von Gemüsebrühe und Grießbrei ernähren kann!«

Der als Giancarlo angesprochene Mann, ein dunkel gekleideter Mitdreißiger, schürzte nachdenklich die Lippen. »Etwas heftig war's dann im Endeffekt schon ... Also, wenn der Dottore noch ein bisschen weitergemacht hätte, ich glaube, dann wäre mir übel geworden! Wo ich es doch noch nie ertragen konnte, einen Menschen leiden zu sehen!« Er gab ein trockenes, böses Kichern von sich und streichelte dabei stolz über seine edelsteinbesetzte goldene Armbanduhr.

»Jetzt aber ganz langsam!«, protestierte der Dottore, der Dritte im Bunde, der zusammen mit den beiden anderen an einem langen Konferenztisch von wahrhaft Respekt einflößenden Ausmaßen saß. »Ich weiß, wie weit ich gehen kann! Bin ja schließlich kein Anfänger, oder?«

»Ist ja schon gut!«, hob der Grauhaarige beschwichtigend die Hände. »Du musst doch nicht immer gleich eingeschnappt sein, Dottore! Also, noch mal, was meint ihr? Haben wir den Jungspund jetzt schon weichgekocht, oder braucht's noch mal eine Spezialbehandlung?«

Giancarlo rieb sich mit dem Zeigefinger nachdenklich die Nase. »Ich denke, es wird genügen. Der spielt zwar Fußball wie ein junger Gott, aber mit dem Ertragen von Schmerzen, da ist es nicht besonders weit her! Ein richtiges Weichei, unser Fußballheld!«

»Also, das hört sich gut an! Dann ist das jetzt nur noch so eine Sache mit dem anderen und – vor allem – mit dem Berater von den beiden! Was machen wir da?« Der Grauhaarige warf seinen beiden Gesprächspartnern einen weiteren fragenden Blick zu.

»Allora«, Giancarlo breitete leutselig die Arme aus. »Ich finde, bei dem sollte schon noch unser Dottore ran ...«

»Ja natürlich! Dazu bin ich dann wieder recht!« murrte der Dottore. »Sobald die Signori nicht weiterkommen! Aber hinterher über mich herziehen, das könnt ihr!«

»Jetzt fühle dich doch nicht gleich in deiner Ehre gekränkt!«

»Dottore, jetzt ernsthaft, wir machen es so: Ich spreche erst einmal ein mehr oder minder ernstes Wort mit dem Kleinen und knöpfe mir dann aber seinen Berater vor. Ich denke ja, dass auch Lucca mittlerweile seine

Lektion kapiert hat und seinem kleinen Bruder vollends auf die Sprünge helfen wird! Was sagst du dazu, Ferdi?«

»Gut! Abgemacht!« Der Grauhaarige blätterte in dem vor ihm liegenden Terminkalender. »Würde das in den nächsten drei Tagen gehen? Denn in der nächsten Woche habe ich bereits ein paar Termine vereinbart, so eine Art erster loser Kontaktaufnahme ...« Er unterbrach sich und grinste vergnügt in die Runde. »Die werden vielleicht staunen, wenn sie mitbekommen, dass die Brüder jetzt bei mir unter Vertrag sind! Da wird es ganz schön rumoren in der Szene, wenn das bekannt wird!«

»Eben drum! Und deshalb müssen wir mit äußerster Vorsicht zu Werke gehen, das ist hoffentlich allen klar!«, nickte der Dottore bedeutsam zu Giancarlo hinüber. »Nicht dass unser sensibler Mann fürs Grobe zu viel des Guten tut!«

»Jetzt hört doch endlich auf mit eurem ewigen Gezerre!« Ferdi schüttelte ungehalten den Kopf und glotzte missbilligend über den Rand seiner Brille zum Dottore hinüber.

»Wir sollten uns einig sein, was das weitere Vorgehen betrifft und nicht ständig neue Kriegsschauplätze aufmachen! Könnt ihr euch denn nicht wenigstens fünf Minuten einmal zusammenreißen?!«

Die beiden anderen zogen es vor zu schweigen und schauten verlegen auf die blank polierte Tischplatte aus Edelholz.

»So! Dann also weiter! Ich werde so vorgehen, dass

ich zunächst einmal beim FC Basel die Bombe platzen lasse, ganz beiläufig natürlich. Eigentlich geht's dort ja nur um den Mario Klemm, den ich denen anbiete. Irgendwann lasse ich dann durchscheinen, dass ich ihnen eventuell noch einen anderen hoffnungsvollen Jungstar anbieten kann, der gerade beim VfB ein bisschen überspielt ist, aber sicher wieder glänzend durchstarten wird, wenn er sich erholt hat. Und dass ich demnächst sogar noch seinen Bruder mit im Angebot haben werde ...«

»Aber Ferdi! Den werden die sich doch nie und nimmer leisten können! Einer der Leistungsträger bei Juventus Turin und dann ein Wechsel nach Basel, wie soll denn das gehen?«, unterbrach ihn der Dottore zweifelnd.

»Na, wofür hältst du mich? Ganz so naiv bin ich nun auch wieder nicht!«, zischte der Grauhaarige ungehalten. »Ich lasse das doch nur fallen, damit es sich rumspricht in der Szene. Und das wird es! In Windeseile sogar! Darauf kannst du Gift nehmen!« Er unterstrich seine Behauptung durch einen kräftigen Faustschlag auf den Tisch.

»Das überlasse ich lieber anderen«, lächelte der Dottore nunmehr von der Aussage des anderen zufriedengestellt. »Aber bei dem Kleinen sollten wir jetzt erst mal nicht mehr allzu sehr aufs Tempo drücken. Ich denke, die ersten Gespräche haben schon ganz schön Wirkung gezeigt.«

Giancarlo schwellte stolz die Brust. »Vor allem, als ich ihn dezent an seine Schwester erinnert habe ... Da ist er zwar fast ausgerastet, aber anscheinend hat es ihm schon zu denken gegeben. Und als dann sein Bruder aufgetaucht ist, der eigentlich nur seinen Kleinen im letzten Spiel bewundern wollte und dann plötzlich in der Nacht davor so entsetzliche Zahnschmerzen bekommen hat, da ist bei ihm der Groschen gefallen – endgültig!«

»... und sein Berater läuft seitdem herum wie Falschgeld!«, lachte Ferdi dröhnend. »Klar, jetzt müssen wir beim Kleinen ein bisschen zurückschrauben! Sonst reicht es bald nicht einmal mehr für den FC Basel! Was für ein Sensibelchen aber auch! Ich sag's ja immer, die Jugend von heute ...«

14

»Olé, olé,olé, olé – wir sind die Champions, olé!« dröhnte es lautstark durch die S-Bahnstation unter dem Stuttgarter Hauptbahnhof. Dicht an dicht wogte die rotweiße Masse auf dem Bahnsteig, nur ganz gelegentlich von einem blau-weiß-schwarzen Einsprengsel unterbrochen, den Anhängern der Münchner Löwen.

»VfB drei, 60 null!« brüllte einer der Stuttgarter Fans fröhlich aus dem Gedränge.

»Olé VfB!« kam das Echo aus vielen hundert Fankehlen postwendend zurück.

»60, 60!« setzte das Häuflein der gegnerischen Fans zu einer aussichtlosen Gegenoffensive an, um nahezu ungehört im ewig gleichen und stimmgewaltig hervorgeschmetterten »VfB! VfB!«- Stakkato unterzugehen.

»Da! Die S-Bahn kommt!« Aufgeregt deutete Fabian Meyer mit dem ausgestreckten Arm auf das Gleis, über das gerade in diesem Moment die S-Bahnlinie 1 mit metallisch kreischenden Bremsen in den unterirdischen Bahnsteig einfuhr. Hektisch blickte er sich in der dicht gedrängten Menschenmenge um und drückte fest die Hand seines Vaters. »Da, Papa! Das ist der Zug zum Stadion! Um halb drei, wie ausgemacht!«

»Ich weiß!« Auch Horst versuchte vergeblich, sich einen Überblick zu verschaffen. Keine Chance. »Da sieht man ja gar niemanden!«

»Sollen wir dann trotzdem einsteigen?« Ungeduldig wartete Fabian auf die Antwort.

»Nein, bloß nicht! Dann klappt hinterher erst recht nichts mehr!« Noch einmal kämpfte er aussichtslos um einen besseren Überblick. »Wo stecken die denn bloß wieder?! Dieser Protnik! Ich könnte ihn manchmal umbringen!«

»Da müsst ihr rein! Ihr müsst auch mit diesem Zug fahren! Die S 1 fährt direkt zum Stadion!«, erklärte ihm in diesem Augenblick ein freundlicher älterer Herr, der aufgrund von Fabians VfB-Trikot mit der Nummer 29 messerscharf gefolgert hatte, dass die beiden auf dem Weg zum Bundesligaspiel waren, sich aber allem Anschein nach nicht so richtig auskannten.

»Schon gut! Vielen Dank! Aber wir warten noch auf jemand, mit dem wir uns hier treffen wollten«, erklärte Horst dem freundlichen Mann, der sich in der Zwischenzeit in den übervollen S-Bahn-Zug gedrängt hatte.

»Dann guckt bloß, dass ihr nicht zu spät kommt! Die nächste S-Bahn würde ich aber auf jeden Fall nehmen!« Die Türen schlossen sich und der Zug setzte sich rasch in Bewegung.

»Also, so machen wir's, Fabian! Versprochen,« Horst strich seinem sichtlich gefrusteten Sohn über die Haare. »Eine S-Bahn später, ob die dann da sind oder nicht! Einverstanden?«

Fabian nickte entschlossen. »Einverstanden! Egal wie!«

»Ja, da seid ihr ja endlich! Wo wart ihr denn?«, ertönte zeitgleich eine vorwurfsvolle Stimme auf dem Bahnsteig. Eine Horst nur allzu bekannte männliche Stimme!

»Wir haben euch überall gesucht!«, fiel nun auch ein zweites, ebenfalls bekanntes Organ in den Reigen ein. Uschi und der Sputnik! Mit hastigen Schritten eilten die beiden auf die Meyers zu.

»Ich glaube, ich bin im falschen Film!« Horst stemmte empört die Hände in die Hüften. »Wir waren hier und haben auf euch gewartet! Und jetzt kommt ihr daher und behauptet, ihr hättet uns gesucht! Woher kommt ihr denn, wenn ich fragen darf?!« Es war geradezu unglaublich – und es war wie immer! Schuld hatten immer die anderen!

»Von oben, wir standen an der Rolltreppe zum S-Bahnsteig!« Keuchend und prustend war Protnik stehen geblieben und wischte sich mit einem großen karierten Taschentuch den Schweiß von der Stirn.

»Ich hätte beinahe eine Rauchvergiftung bekommen, dort an der Treppe!«, mischte sich nun auch das Bebele missgelaunt in die Debatte. »Und wir haben gewartet und gewartet und gewartet ...«

»Ja, wieso denn um alles in der Welt an der Rolltreppe?! Hier, auf dem Bahnsteig, wollten wir uns doch schließlich treffen, oder? So war das doch ausgemacht mit dir!«

»Ob oben oder unten, wo ist denn da der Unterschied?« Protnik knüllte das Taschentuch zusammen und stopfte es in die Hosentasche. »Und da unten, da ist es doch viel zu zugig! Da holt man sich ja den Tod!«

»Aber ausgemacht ist ausgemacht!«

»Und ob oben oder unten, das bleibt sich doch gleich!«, gab der Sputnik um keinen Millimeter nach. »Ihr hättet dort an uns vorbeikommen müssen!«

»Wieso das denn?« Horst konnte sich allmählich denken, wie der alte Freund und Kollege kombiniert hatte und wie er damit leider ziemlich daneben gelegen hatte. »Es gibt schließlich drei Rolltreppen, die hinunterführen! Woher willst du denn wissen, welche wir nehmen?«

»Natürlich die direkte! Die vom Hauptbahnhof aus!«

»Haben wir aber nicht! Wir haben uns nämlich vorher noch in der Klettpassage eine Quarktasche gekauft! Und deshalb sind wir auf der anderen Seite heruntergekommen! So einfach ist das!«

»Ja dann ...!« Der Sputnik zuckte mit den Achseln. »Wenn man sich natürlich nicht an die Spielregeln hält!«

»Jetzt mach aber mal halblang, Michael! Vereinbart war, dass wir uns hier unten auf dem Bahnsteig treffen und sonst gar nichts! Dass du nun wieder mal gemeint hast, mitdenken zu müssen, das ist ja etwas ...«

»Papa! Da kommt die nächste S 1!«, zupfte da Fabian seinen Vater am Ärmel und unterbrach den empörten Redeschwall, der sich ansonsten über Protnik entladen hätte.

»Na bitte!« strahlte der. »Nehmen wir halt diese! Gar nichts passiert!«

»Außer dass diese S-Bahn noch voller ist als die vorige! Um nicht zu sagen, genagelt voll!« Innerhalb weniger Minuten war der S-Bahnsteig wieder dicht bevölkert worden. Nahezu vollständig von Fußballfans, deren Herzen, den Farben der verschiedenen mitgebrachten Utensilien nach zu urteilen, im Verhältnis 20 zu 1 den heimischen Kickern zu gehören schienen.

»Also dann, hinein ins Gedränge!« Horst wusste genau, wie sehr das Bebele Menschenansammlungen und direkten Körperkontakt mit Fremden verabscheute. Er grinste schadenfroh, als er die Miene wahrnahm, mit der Uschi das Gedränge vor dem bis an den Rand seiner Kapazität gefüllten S-Bahnzug verfolgte. »Tja, Uschi! Wer A sagt, muss auch B sagen! Wärst du doch besser gemütlich zuhause auf dem Sofa geblieben, oder?«

Ein bitterböser Blick aus Uschis Augen war die erwartete Folge. »Was tut man nicht alles für seinen Lebenspartner! Man kann euch beide ja nicht alleine zum Fußball gehen lassen! Wenn ich an das blaue Auge von neulich denke! Da habe ich ja gesehen, wohin das führt!«

Auch Lebensgefährte Michael Protnik wurde mit demselben Blick bestraft, währenddessen sich das Bebele qualvoll aufseufzend in die Enge der S-Bahn stopfen ließ.

15

»Puhh! Endlich! Das war ja furchtbar!« Uschi lehnte sich erschöpft an einen Pfeiler des Bahnsteigs und schnappte nach Luft, während sie kopfschüttelnd die Menschenmasse beobachtete, die unaufhörlich aus der S-Bahn quoll. »Und wie der eine, der sich so eng an mich gedrückt hat, gedüftelt hat! Unglaublich! Und so was machen die alle hier freiwillig! Wegen einem Fußballspiel! Erwachsene Menschen!«

Horst sandte einen eindeutig-zweideutigen Blick in Protniks Richtung, zog es ansonsten aber vor, die Äußerung des Bebele nicht weiter zu kommentieren. »Hier müssen wir runter«, nickte er in Richtung der Treppe, die den Bahnsteig teilte. »Und dann immer der Nase nach!«

Eingekeilt in einen offenbar fast nicht enden wollenden Pulk aus Fußballfans, die mit zügigen Schritten der Fußballarena entgegen eilten, machten sich nun auch die vier ungleichen Partner auf den Weg zum Ereignis des Tages.

»Wie die da einfach über die Straße rennen! Unglaublich!«, staunte Uschi, während sie auf breiter Linie die Straße zwischen der S-Bahnstation und dem Stadion überquerten. »Ob da Autos kommen oder nicht, ist denen anscheinend egal! Und das, obwohl da vorne doch der Zebrastreifen ist! Da schau, der kommt gar nimmer weiter mit seinem Wagen!«

»Ich möchte es aber trotzdem keinem Autofahrer geraten haben, da womöglich auf die Hupe zu drücken«, gab Horst zu bedenken. »Da ist dann gleich dementsprechend was geboten, das kann ich dir flüstern! Übrigens auch so ein Grund, weshalb ich trotz allem Gedränge lieber mit dem Zug hierher komme!«

»Eben!«, pflichtete ihm Protnik bei. »Ich hab's ja beim letzten Mal selbst erlebt. Bis du da durch bist, ist das Spiel schon zur Hälfte gelaufen! Auch mal schön, jetzt auf der anderen Seite zu stehen«, kicherte er vergnügt und bog lächelnd vom Gehweg ab, um auf direktem Weg die Straße zu überqueren. »Mir nach!«, winkte er die anderen hinterher.

Er hatte noch nicht richtig ausgesprochen, als hinter ihm ein Pfiff aus einer Trillerpfeife ertönte. »Gehen Sie bitte von der Straße herunter!«, folgte anschließend eine scharf artikulierte Aufforderung.

Verwundert wandte sich Protnik um und erblickte einen grün gekleideten Reiter auf einem Pferd.

»Aha, die Kollegen von der berittenen Truppe«, stupste Horst seinen Sohn an. »Jetzt bin ich aber gespannt ...«

»Ja aber, die anderen alle! Da, schauen Sie doch mal dort hin!«, wies Protnik entrüstet mit dem ausgestreckten Arm nach vorne, wo die breite Masse der Fußballfans in aller Seelenruhe mitten über die Straße walzte.

»Aber nicht hier!« Der Polizist legte die Stirn unter dem grünen Helm in bedrohliche Falten.

»Ja was denn!« Es war faszinierend für Horst zu beobachten, wie sich langsam und ganz allmählich eine tiefe Röte auf Protniks Gesicht ausbreitete. »Gleiches Recht für alle, oder wie? Schon mal was davon gehört?«, schnauzte der den berittenen Kollegen wütend an.

»Würden Sie bitte augenblicklich die Straße freimachen und auf den Gehweg zurück gehen?!« Wie eine freundlich formulierte Bitte hörte sich der Satz aber ganz und gar nicht an.

»Sonst noch was!« Protnik hatte sich in seinem Standpunkt knallhart festgefressen.

Für den Polizisten war somit unschwer zu erkennen, dass er bei dem renitenten Fußballfan mit seinen Argumenten auch künftig auf Granit beißen würde. Und ganz offensichtlich handelte es sich bei dem Beamten um einen der Jungs von der schnellen Truppe. Er hielt seine Trillerpfeife an die Lippen und blies herzhaft hinein.

»Auch das noch!«, stöhnte Horst. »Jetzt haben wir den Salat!«

16

»Dass du aber auch nicht einmal im Leben nachgeben kannst!« Das Bebele hatte sich beim Halbzeitpfiff erhoben und feuerte einen weiteren vernichtenden Blick auf ihren Lebensabschnittspartner ab. Der hatte den Kopf tief auf die Brust gesenkt und stand in der Sitzreihe wie der sprichwörtliche begossene Pudel.

Aufmunternd legte Horst seinem Kumpel die Hand auf die Schulter. »Na, komm schon! Das biegen wir schon wieder grade! Wenigstens haben sie dich nicht auch noch mitgenommen!«

»Das hätte ja gerade noch gefehlt! Einen Polizisten zu verhaften!«, schnaubte Uschi wütend. »Also wirklich! Aber das hätte mein Herr Protnik ja beinahe auch noch fertig bekommen!«

»Beinahe«, schaltete sich Horst versöhnlich ein. »Aber glücklicherweise habe ich ja meinen Dienstausweis dabei gehabt und damit das Schlimmste verhindern können!«

»Das Schlimmste!« Uschi war noch immer alles andere als besänftigt. »Es reicht ja wohl, dass die seine Personalien aufgenommen haben! Kannst du dir denn wirklich nicht vorstellen, was das für einen Tanz in der

Dienststelle geben wird, wenn der Bericht beim Chef auf dem Schreibtisch liegt? Ein Kommissar – randaliert bei einem Fußballspiel!«

»Also randaliert habe ich ja nun nicht gerade …«

»Du hast es grade nötig, große Sprüche zu klopfen!«, fuhr das Bebele ihrem unglücklichen Lebensgefährten in die Parade. »Was glaubst du denn, was in dem Bericht stehen wird, den die da verfassen? Das gibt eine Disziplinarsache, darauf kannst du wetten!«

»Na, mal abwarten!«, startete Horst einen weiteren, von vornherein zum Scheitern verdammten, Versöhnungsversuch. »Vielleicht kann ich die Sache ja noch irgendwie abbiegen …«

»Abbiegen? Wie denn? Du weißt doch ganz genau, dass das nicht geht, sonst hast du am Ende noch selbst ein Verfahren am Hals!« Uschi schüttelte entschieden den Kopf und starrte missmutig über die Tribüne.

»Ach, da kommt der Fabian mit meiner Wurst!« Horst war froh, das unerquickliche Gespräch zu diesem Thema beenden zu können und atmete erleichtert auf, als er seinen Sohn beladen mit den obligatorischen Stadionwürsten um die Ecke biegen sah.

»Ich bin gerade noch rechtzeitig gekommen«, strahlte der und reichte seinem Vater eine der begehrten Brötchen-Wurst-Senf-Kombinationen. »Die sind richtig gut durchgebraten!« Sprach's und biss herzhaft zu.

»Tja, ihr beiden«, bedachte Horst den Besuch aus Ulm mit einem mitleidigen Lächeln. »Das gehört halt einfach zu einem Bundesligaspiel, so eine Stadionwurst! Wie der Ball zum Rasen sozusagen! Pech für euch!«

Während Protnik sehnsuchtsvoll die genüsslich kauenden Meyers betrachtete, zog das Bebele die Stirn in kritische Falten. »Dass man so etwas essen kann! Also wirklich! Für mich ist das die manifestierte Unkultur! Schon meine Oma hat immer gesagt, auf der Straße isst man nicht ...«

»Na ja, Uschi! Straße!«, mampfte Horst einen schwachen Protest hinter dem Brötchen hervor. »Immerhin sind wir im Stadion, und nicht auf der Straße ...«

»Haupttribüne sogar«, ließ sich nun, wenn auch zaghaft, die Stimme von Michael Protnik vernehmen. »Hat eine ganz hübsche Stange Geld gekostet! Eigentlich hab ich gedacht, da sei was zu essen bereits mit drin!«

»Wie kommst du denn darauf?«

»Na ja, du hast mir doch einmal von den Business-Seats auf der Haupttribüne erzählt. Und als ich dann die Karten bestellt habe, Mitte oben, also die besten – und die teuersten! – da hab ich schon gemeint, dass es für diesen mordsmäßigen Preis auch was zu essen gibt!«

Der arme Sputnik! Immer für eine Überraschung gut – und immer knapp neben der Realität. »Du meine Güte, Michael! Da hättest du aber noch mal ein Stückchen tiefer in den Geldbeutel greifen müssen, das ist dann noch mal eine andere Liga, das kann ich dir sagen! Aber ehrlich gesagt, ich weiß gar nicht, ob ich das wollte!« Horst stopfte sich den Rest der Stadionwurst in den Mund und kaute genießerisch, ehe er weitersprach. »Ich find's doch hier viel besser: Direkt unter den Leuten, und dann ein schönes Weckle mit Wurst und Senf, das langt mir! Da brauch ich weder Lachs noch Kaviar, gell, Fabian?«

Fabian nickte entschieden. »Finde ich auch!«

»Jetzt müssten sie nur noch einen Zahn zulegen, da unten, dann wäre alles in Ordnung. Also ein 0:0 ist ja irgendwie nicht der wahre Jakob ...«

»Allerdings! Du hast mir selber mal gesagt, dass beim Fußball nur die Tore zählen ... Also viele Torchancen sind es bisher nicht gewesen und die besten, die hat unser Jungstar grandios vergeben«, deutete Protnik auf die Nummer 29 auf Fabians Rücken.

»Das wird schon noch, Onkel Michael! Abwarten! Du wirst schon sehen!«

»Na hoffentlich! Wird aber auch allmählich Zeit. Die Pfiffe da vorhin, die haben doch eindeutig dem Salvatore gegolten, oder?«

»So sind sie halt, die Fans«, sprang Horst seinem Sohn hilfreich zur Seite. »Ein schlechtes Spiel – und schon bist du der Buhmann!«

»Und kurz vor Schluss das entscheidende Tor, dann bist du wieder der Held des Spiels!«, Fabian wollte auch mitreden und beweisen, dass er durchaus mit den psychologischen Verästelungen eines Fußballspiels vertraut war.

»Und wer sind die da oben?« Uschi hatte ihre Brille abgenommen und nickte mit dem Kinn einige Reihen weiter nach oben. Dort präsentierte sich ein knappes

Dutzend junger und beeindruckend sorgfältig gestylter Mannequins dem staunenden, vorwiegend männlichen, Fußvolk zu ihren Füßen. Und dass sie sich ihre Kleidung nicht unbedingt vom Otto-Versand hatten zuschicken lassen, das konnte selbst der Modemuffel Horst Meyer mühelos erkennen.

Während Horst die Identität der Models vollkommen rätselhaft war, schien Fabian ganz selbstverständlich Bescheid zu wissen. »Die da oben?«, sandte er einen wissenden Blick hinauf zu der Trendmodenschau Motto »Jung, schlank und erfolgreich«. »Das sind die Spielerfrauen und die Freundinnen von den Spielern!«

»Woher willst denn du das wissen?« Uschi konnte sich nun wirklich nicht vorstellen, wie ein gerade mal zehnjähriger Schuljunge schon über einen dermaßen tiefen Einblick in das Beziehungsleben junger Fußballprofis verfügen sollte.

»Na, ganz einfach«, ließ sich Fabian nicht aus der Ruhe bringen. »Da oben, schaut mal, da sitzen ja auch noch der Bernd und der Torsten ...«

Für Uschi war es alles andere als ganz einfach. »Und wer ist das? Der Bernd und der Torsten? Soll das etwa heißen, dass die beiden da ...«

»Nein! Um Himmels willen, Uschi! Woran du wieder gleich denkst!«, sprang nun Horst hilfreich in die Bresche. »Klar, das sind unsere beiden Sorgenkinder!« Er hatte die beiden dauerverletzten Spieler erkannt, die bereits eine lange Phase der Rekonvaleszenz überstanden hatten, die Spiele aber noch immer nur von der Tribüne aus verfolgen konnten, weil mit ihrem Einsatz frühestens in sechs bis acht Wochen zu rechnen war.

»Was meinst du mit Sorgenkindern?«, gab sich die Fragestellerin heute wieder besonders begriffsstutzig.

»Das sind zwei verletzte Spieler! Die hat es im Herbst schwer erwischt: Achillessehnenriss beim Bernd und Schienbeinbruch beim Torsten,« erklärte Fabian geduldig. »Und da, gleich daneben,« er deutete mit dem ausgestreckten Arm auf die linke Seite der zukünftigen Claudia-Schiffer-Konkurrentinnen. Dort präsentierte sich stolz eine dunkelhaarige kaffeebraune Schönheit, ausgestattet mit derart beeindruckenden Körpermaßen, die bei jedem männlichen Betrachter ganz automatisch Schweißausbrüche und eine nahezu ins Uferlose gesteigerte Testosteronproduktion hervorriefen. »Das ist die Julienne!«

Während Horst mit dem zaghaften Hinweis »Man zeigt doch nicht auf Leute, Fabian!« erzieherische Verantwortung zur Schau stellte, wollte beim Bebele am heutigen Nachmittag der Groschen partout nicht fallen. Kritisch zog sie die Stirn in Falten: »Und wer ist diese Julienne? Muss man die kennen?«

»Du meine Güte! Die braucht ja einen Waffenschein, so gefährlich ist die!«, sprudelte es aus Protnik heraus, der sich angesichts der üppigen, nur schwach mit einem glitzernden Lederminikleidchen bedeckten Schönheit genießerisch mit der Zunge über die lechzenden Lippen fuhr.

»Die Julienne, das ist seit ein paar Wochen die Freundin vom Andrea! Das hat doch in der Zeitung gestanden«, gab der ob Uschis Unwissenheit sichtlich verblüffte Fabian zur Antwort.

»Andrea und Julienne! Was für eine Namenskombination!«, schüttelte das Bebele verständnislos den Kopf. »Kein Wunder, dass der da unten auf dem Rasen herumspringt wie Falschgeld! Der hat diese wandelnde Sexfalle im Kopf und sonst gar nix!« So einfach und schnell konnte eine Analyse über mögliche Ursachen fußballerischer Formkrisen also ausfallen! Donnerwetter!

Wer weiß, zu welch weiteren tiefenpsychologischen Erkenntnissen die Unterhaltung noch geführt hätte, wenn sich nicht in diesem Moment Fabian zu Wort gemeldete hätte. »Es geht weiter!«, klatschte er unternehmungslustig in die Hände. »So 60! Jetzt geht die Post ab – und der Andrea schießt zwei Tore! Mindestens!«

»Hoffentlich!« lächelte sein Vater skeptisch und nahm wieder Platz auf seinem roten Plastiksessel.

17

»Das darf doch einfach nicht wahr sein!« Horst war aufgesprungen und tippte sich erregt an die Stirn. »Da steht der Kerl allein vor dem Tor und hämmert das Ding drüber! Das gibt's doch gar nicht!«

Auch Fabian starrte mit offenem Mund auf die Szenerie unten auf dem Spielfeld.

Der Spieler mit der Nummer 29 hatte die Hände vor das Gesicht geschlagen und stand regungslos auf dem Rasen, während aus dem VfB-Fanblock ein gellendes Pfeifkonzert ertönte. Die Anhänger der Gastmannschaft, die in der gegenüberliegenden Kurve versammelt waren, antworteten mit höhnischem Gelächter auf die versiebte »hundertprozentige« Torchance.

»Da! Guck mal! Das Krokodil!« Michael Protnik zeigte an den Rand der Tartanbahn. Dort stand Fritzle, das grüne Maskottchen des VfB Stuttgart, und schüttelte heftig seinen Krokodilskopf, und hämmerte erregt seine Fäuste auf die Oberschenkel.

Drei kurze, auffordernde Pfiffe aus der Trillerpfeife des Schiedsrichters ertönten, um Andrea Salvatore, der noch immer regungslos im gegnerischen Strafraum verharrte, zu signalisieren, dass der Torwart der 60er bereit zum Abschlag war. Der junge Spieler hob langsam den Kopf und starrte hinüber in den Fanblock, aus dem nun immer lauter werdende Rufe zu hören waren: »Salvatore raus! Salvatore raus!«

Noch immer machte er keine Anstalten, den Strafraum zu verlassen. Wie versteinert stand er da und schien das Geschehen um sich herum einfach nicht begreifen zu können.

»Was ist denn mit dem los?«, zischte Protnik befremdet. »Hat der was eingeworfen oder wie?«

»Quatsch!« gab Horst zurück, der inzwischen wieder Platz genommen hatte. »So ist es ja auch wieder nicht! Aber trotzdem, ich weiß auch nicht, was in den Kerl gefahren ist! Das kann ja allmählich nicht mehr so weitergehen!«

»Die Tussi da oben scheint's nicht zu stören! Die feilt sich in aller Seelenruhe die Fingernägel, während sie da unten ihren Lover auseinandernehmen«, warf Uschi einen giftigen Kommentar dazwischen.

»Da, Papa! Guck!« Fabian hatte sich nach vorne gebeugt und deutete mit unglücklicher Miene auf die Bank des VfB Stuttgart. Dort hatten sich der Trainer und sein Assistent von ihren Sitzen erhoben und Kontakt mit dem Linienrichter aufgenommen. Der nickte kurz und hob anschließend mit beiden Händen seine Fahne in die Höhe, ein eindeutiges Signal für den Schiedsrichter. »Die wechseln aus! Da, schau! Die nehmen den Andrea aus dem Spiel!« Unglücklich verfolgte Fabian die weiteren Ereignisse auf dem Rasen.

Der Assistent hatte sich an die Seitenlinie begeben und winkte energisch in Andreas Richtung, während der Trainer dem Spieler, der eingewechselt werden sollte, aufmunternd auf die Schulter klopfte und ihn mit letzten taktischen Anweisungen versorgte.

Doch die Nummer 29 zeigte noch immer keine Reaktion. Der Schiedsrichter schüttelte unwirsch den Kopf und blies energisch in seine Trillerpfeife, während der Trainerassistent nun den Kapitän der Stuttgarter zu dem jungen Mittelstürmer hinüber schickte.

Was nun folgte, das hätten Horst und Fabian noch vor wenigen Minuten nicht für möglich gehalten. Andrea wischte den Arm, den der Kapitän tröstend um ihn gelegt hatte, brüsk von seiner Schulter und warf bitterböse Blicke zum Fanblock hinüber. Die Reaktion in Form von noch lauteren Pfiffen folgte auf dem Fuß.

Nun schienen die Nerven des Spielers komplett verrückt zu spielen. Wütend tippte er sich an die Stirn und stapfte mit zornigen Schritten vom Platz, ohne sich noch einmal den Fans zuzuwenden, die diesen Ausbruch mit einem empörten Aufschrei quittiert hatten.

Sogar das »Fritzle« am Spielfeldrand, das den gesenkten Krokodilskopf traurig schüttelte, bekam noch sein Fett ab! Die Geste war eindeutig, als sich Andrea Salvatore an dem VfB-Maskottchen vorbeidrängte. Er hob den rechten Unterarm und streckte dabei wütend seinen Zeigefinger in die Höhe!

Horst fehlten kurzzeitig die Worte! »Das darf doch nicht wahr sein! Der zeigt dem den Stinkefinger!«

Der Hinweis des Stadionsprechers, dass der VfB Stuttgart gerade eine Auswechslung vorgenommen habe, ging im gellenden Pfeifkonzert der Zuschauer gnadenlos unter!

Und der junge Fußballspieler hatte nun endgültig ein ernstes Problem ...

18

»Und das soll also euer neuer Fußballheld in Stuttgart gewesen sein?«, stichelte Uschi mit spöttischer Miene, als die vier nach Spielende das Gottlieb-Daimler-Stadion verließen.

»Tja!« Horst zuckte ratlos die Schultern. »Mit dem Stichwort ›gewesen‹ kannst du schon Recht haben! So wie der da vorhin ausgerastet ist! Das gibt auf jeden Fall eine saftige Geldstrafe, wenn nicht sogar eine interne Sperre! Ich bin mal wirklich gespannt, wie die das machen – und wie der Andrea sich bei den Fans dann entschuldigt!«

»Kann ja mal passieren«, versuchte Fabian im Interesse seines Lieblingsspielers versöhnliche Töne anzuschlagen.

»Kann passieren, darf aber nicht! Wer so viel Geld verdient, der muss sich auch mal zusammennehmen können!«, beharrte Horst jedoch auf seiner Meinung.

»Und wer so viel Geld wie wir für so ein Spiel ausgegeben hat, der darf auch die maximale Leistung von jedem erwarten!«, hieb Protnik in dieselbe Kerbe.

»Aber immerhin, wir haben gewonnen! Das ist doch die Hauptsache!« Alles andere als überzeugend schwang Fabian seine Stuttgart-Fahne.

»Und das Tor hat ausgerechnet der eingewechselte Spieler geschossen, der für diesen Salvatore gekommen ist! Der müsste sich ja wirklich überlegen, ob er nicht lieber zum FC Waldorfhäslach wechselt als zu Bayern München!«, grinste Protnik hämisch.

»Immerhin wohnt da der Guido Buchwald.«

»Wer?«

»Der Guido Buchwald, ehemaliger VfB- und Nationalspieler!«

»Wo?«

»Sag ich doch, in Waldorfhäslach! Und der war ja wie gesagt sogar Nationalspieler!«, konterte Horst in beeindruckender Reaktionsgeschwindigkeit. »Aber sei es, wie es wolle: Wir schießen einfach momentan zu wenig Tore. Wenn der Andrea Ladehemmung hat, dann ist es halt Essig bei uns.«

»Beim nächsten Mal ist es sicher schon wieder ganz anders!« Fabian gab sich – zumindest nach außen – überzeugt.

»Ich weiß nicht ... Vielleicht hat der Andreas Trenk doch Recht. Ein solcher Stürmer reicht bei weitem nicht!« Horst breitete die Arme aus. »Wie auch immer, uns fehlt ein Knipser!«

»Ein Knipser?« echote Uschi. »Moment mal!«

Was sollte das nun wieder heißen? Horst erfuhr es augenblicklich.

Das Bebele kramte kurz in ihrer Handtasche bevor sie mit stolzem Grinsen das Objekt ihrer Suche präsentierte und dem erstaunten Horst direkt unter die Nase hielt. »Da, bitte, Hotte! Hier ist er, der Knipser!« Ein kleines, schätzungsweise fünf Zentimeter großes, blankpoliertes Metallteil funkelte zwischen ihren Fingern.

Das durfte doch nicht wahr sein! Darauf konnte ja aber wirklich nur eine kommen! Uschi! »Ein Nagelknipser! Uschi! Also wirklich!« Horst zog es dieses Mal allerdings vor, die unglaubliche Aktivität von Protniks Lebensgefährtin nicht weiter zu kommentieren.

19

Noch in der Umkleidekabine brach das Donnerwetter über ihn herein. Mit zornrotem Kopf stürmte der Trainer auf den apathisch in der Ecke kauernden Spieler los. »Das war das Letzte! Wirklich das Allerletzte! So etwas habe ich in meiner ganzen Laufbahn noch nie erlebt! Du hast ja wohl nicht mehr alle Tassen im Schrank!« Außer sich vor Wut hüpfte er in der Kabine auf und ab, während die übrigen VfB-Akteure die Auseinandersetzung aus sicherem Abstand und mit betretenen Mienen verfolgten.

Der Trainer streckte den rechten Arm aus und hob den Mittelfinger in die Höhe. »Der Stinkefinger! Ein Spieler aus meiner Mannschaft! Das hat es noch nie gegeben! Und jetzt?! Wie soll es jetzt weitergehen?!«, schleuderte er auf das Häufchen Elend hinunter.

Doch von Andrea Salvatore kam keine Antwort. Mit stumpfem Blick stierte er regungslos auf einen imaginären Punkt auf dem Fliesenboden.

»Was ist jetzt? Wieso höre ich nichts?! Erst die Sau rauslassen und dann den großen Schweigsamen spielen oder was?!« Der Trainer redete sich immer mehr in Rage und machte einen Schritt auf den Gescholtenen zu. Er beugte sich nach unten und packte den Jungen energisch an den Schultern. »Was ist jetzt? Bekomme ich keine Antwort?!«

»Trainer, nicht!« Der Spielführer der VfB-Mannschaft legte beschwichtigend seine Hand auf den Oberarm des Übungsleiters. »Das macht jetzt nichts! Das wird im Augenblick nur alles noch schlimmer! Und bevor jetzt was passiert, was uns nachher womöglich leid tut ...«

»Nachher womöglich leid tut!«, echote der Trainer wütend. »Das hätte sich unser Jungstar vor einer halben Stunde überlegen sollen – bevor das Kind in den Brunnen gefallen ist!« Empört drehte er sich den anderen zu. »Was glaubt ihr denn, was die nachher im Fernsehen daraus machen? Das werden wir jetzt das ganze Wochenende über im Fernsehen bewundern dürfen – und am Montag in sämtlichen Zeitungen! Fantastisch! Wirklich fantastisch!« Wütend klatschte er die Hände zusammen. »Das wird Konsequenzen haben! Und was für welche!«

»Klar!« beschwichtigte der Kapitän. »Aber wie gesagt, das können wir jetzt auch nicht mehr ändern. Wir sollten das morgen besprechen, in aller Ruhe. Außerdem«, er deutete auf die Uhr an der Kabinenwand, »Sie sollten doch schon längst bei der Pressekonferenz sein, oder?«

»Sollte ich!«, knurrte der Trainer mit einem verdrießlichen Blick auf seine Nummer 29. »Was glaubt ihr wohl, was die mich fragen werden! Mein lieber Freund, das wird noch ein Nachspiel haben, das kann ich dir flüstern.« Er wandte sich um und stapfte mit wütenden Schritten aus der Kabine.

20

»Also ich bin ja wirklich gespannt, ob er uns etwas sagen will und wie er uns überhaupt empfängt!« In Horst überwog die Skepsis, wenn er an den Erfolg des Besuches dachte, den er zusammen mit Andreas Trenk vereinbart hatte. Sie waren mit dem Auto die kurze Strecke nach Lauffen am Neckar unterwegs, um dort Guiseppe Salvatore, dem Vater des jungen VfB-Spielers, einen Besuch abzustatten. Erst am gestrigen Abend hatten sich die beiden alten Freunde am Rande des Jugendtrainings beim VfR Heilbronn getroffen und die merkwürdigen Fakten diskutiert, die bei dem einst so hoffnungsreichen Jugendfußballspieler Andrea Salvatore eine dermaßen ernste Krise ausgelöst hatten.

Andreas, der den Jungen sogar einmal selbst trainiert hatte und nicht nur ihn, sondern auch dessen Familie schon aus diesem Grund noch besser kannte, als dies bei Horst der Fall war, sah die Karriere des U 21 Nationalspielers bereits ernsthaft gefährdet. »Er wäre nicht der Erste und auch weiß Gott nicht der Letzte, der den Sprung vom Supertalent in den Profibereich dann eben doch nicht packt! Es ist immer wieder dasselbe: Entweder bekommen sie psychische Probleme oder werden körperlich mit einem Schlag brutal zurückgeworfen, weil ein großer Teil von ihnen eben viel zu intensiv trainiert worden sind und sie nie rechtzeitig auch einmal eine Spielpause haben einlegen können. Da ist dann der Akku leer, bevor die Karriere richtig begonnen hat!«

»Das kann ich mir bei Andrea aber nicht vorstellen«, gab Horst zu bedenken. »Du hast doch selber neulich davon geschwärmt, wie sorgfältig sie beim VfB in den letzten beiden Jahren die jungen Spieler an die 1. Mannschaft herangeführt haben. Lieber eine Pause mehr und noch mal ein paar Spiele bei den Amateuren, als die Jungs gleich bei den Profis zu verheizen. Das war es doch gerade, was dir an der Betreuung so gut gefallen hat.«

»Stimmt schon«, räumte der Jugendtrainer nachdenklich ein. »Deshalb glaube ich ja auch eher an die andere, an die mentale Variante!«

»Aber der Andrea gehörte bisher nie zu denen, die psychisch irgendwie labil gewirkt hätten, das ist ja das Merkwürdige! Und die Familie, die ist doch auch intakt!«

»Intakt! Wer weiß! Das schauen wir uns jetzt eben einfach mal an! So was geht heutzutage schneller, als man gucken kann! Und noch mal, denk doch, was wir mit 19 Jahren so alles an Stuss von uns gegeben haben! Nein, wirklich!« Andreas Trenk ließ sich nicht beirren, als er das Aufbegehren bei Horst bemerkte. »Ich meine das doch so: Unsereiner hat wirklich mehr oder minder ohne Rücksicht auf Verluste seine tollen Sprüche von sich geben dürfen. Das hat ja auch so gut wie keinen gejuckt! Oder?«

»Stimmt!« pflichtete Horst ihm bei.

»Also! Und jetzt stell dir mal vor, da kommt irgend so ein Mensch vom Radio oder womöglich gar vom Fernsehen daher, hält dir als 19-jährigem Fußballspieler ein Mikrofon unter die Nase und fragt dich irgendwas zu was auch immer für einem Thema. Du sagst was, ohne groß vorher alle Einzelheiten abzuwägen, und zack! Ruckzuck ist deine Aussage, oft genug noch verkürzt oder aus dem Zusammenhang gerissen, dick und fett in den Schlagzeilen! Denn die Zeitungen, die walzen das danach erst recht genüsslich aus wie Nudelteig. Und spätestens damit hast du dann dein Problem!«

Wieder gab Horst dem Trainer Recht. »Das habe ich mir allerdings schon manchmal überlegt. Da wird jedes Wort von denen auf die Goldwaage gelegt, analysiert, besprochen und kommentiert! Dabei sind das doch junge Fußballspieler und keine mit allen Wassern gewaschenen Diplomaten!«

»Eben! Und dann kommen dazu noch die Faktoren Popularität, öffentlicher Erwartungsdruck und das Geld dazu! Die Unsumme, die diese Burschen schon so früh verdienen! Da kreisen die Geier in hellen Scharen um die Jungs, um irgendwie an deren Moneten zu kommen!«

»Aber der Francesco ist doch ganz in Ordnung! Hast du doch selbst gesagt!«, warf Horst dazwischen. »Du hast ihm damals doch sogar den entscheidenden Tipp gegeben, sich den Jungen mal anzugucken und eventuell unter seine Fittiche zu nehmen. So ist er dann ja schließlich auch beim VfB gelandet ...« In der Tat hatte Andreas Trenk damals rasch bemerkt, dass beim VfR Heilbronn ein Riesentalent heranreifte. Es wäre zwar eine schöne Vorstellung gewesen, Andrea Salvatore in den eigenen Reihen zu behalten, aber andererseits steckte so viel Potential in dem Jungen, dass man es einfach nicht in der Oberliga oder sogar der Regionalliga vergeuden lassen durfte. Und so hatte tatsächlich der Jugendtrainer des VfR Heilbronn die ersten Kontakte zu dem Spielerberater Francesco Adoni geknüpft, einem Mann, den er seit Jahren kannte und dessen Handlungen im Gegensatz zu den Gepflogenheiten von vielen anderen, die sich in dieser Szene tummelten, absolut seriös und im Interesse der jungen Spieler angelegt waren.

»Allerdings!«, nickte Trenk und lächelte leise. »Das war grade noch rechtzeitig! Und dieser andere, dieser Dreckskerl da, wie heißt der doch gleich?« Er schnippte mit den Fingern und überlegte.

»Irgendwas mit Brot, so weit ich mich erinnern kann! Ja richtig, Weisbrot, glaube ich.«

»Richtig, genau! Weisbrod, mit d statt t. Dieser Typ ist ein paar Tage zu spät gekommen! Gott sei Dank! Es ist schlimm genug, dass er sich den Lucca, den Bruder vom Andrea, hat schnappen können! Aber dass ihm der Andrea durch die Lappen ist, das hat ihm überhaupt nicht gepasst! Richtig geschäumt hat der!«

»Weiß ich noch! Ich war ja damals auf dem Trainingsplatz, als der dir an die Gurgel gegangen ist, weil du rechtzeitig den Adoni eingeschaltet hattest!«, erinnerte sich Horst. »Da hat es alles gebraucht, dass ich den von dir wieder losgebracht habe. So wütend, wie der auf dich losgegangen ist!«

»Also, da siehst du aber auch, was das für Typen sein können! Weiß Gott nicht alle ... Aber wie gesagt, da musst du ein feines Händchen haben und die Jungs, gerade am Anfang dementsprechend eng führen – sonst ist das ganze schöne Geld schneller weg, als man piep sagen kann!«

»Das glaube ich dir sofort! Andererseits, wenn ich an die Freundin denke, die sich den Andrea angelacht hat ... Da hat sogar der Adoni gnadenlos versagt! Eine richtig aufgedonnerte Jetset-Mieze ist das.«

»Lass gut sein!«, lachte Trenk. »Ich denke schon, dass der Francesco ein paar Takte mit seinem Jungstar gesprochen hat, von wegen Verhütung und so weiter! Aber dass die Jungs auf so einen steilen Zahn fliegen, ist doch auch irgendwie verständlich, oder Alter?« Er knuffte Horst in die Seite. »Sei mal ehrlich, du würdest dich doch auch nicht im Bad einschließen, wenn die bei dir mit auf dem Hotelzimmer wäre, oder?«

»Ist sie aber nicht!«, knurrte der Kommissar verdrießlich. »Außerdem weißt du in so einem Fall ja nie, was aus Silikon ist und was echt ist!«

»Du tust gerade so, als wenn ausgerechnet das dann eine Rolle spielen würde! Horst Meyer, Hüter von Moral und Anstand!« Trenk amüsierte sich offenkundig bestens. »Aber sieh es mal andersrum. Die Jungs sind ja auch die absoluten Mädchenschwärme! So ein kleiner berühmter Fußballgott, jung und taff: Da fallen die Mädchen reihenweise um, das kann ich dir flüstern! Und deshalb haben es die Jungs – trotz allem Glanz und Glimmer – gar nicht so einfach in ihrem Fußballer-Leben. Da herauszufinden, wer es ehrlich mit dir meint, wer dich wirklich mag oder nur dein Geld und deine Berühmtheit. Das ist alles andere als einfach!« Nachdenklich starrte Trenk auf das Ortsschild von Lauffen, das sie gerade eben passierten.

»Aber es ist auch kein Grund, dermaßen in ein Formtief zu verfallen«, gab Horst zurück.

»Eben drum! Aber deshalb sind wir ja hierher gekommen und gehen der Sache mal auf den Grund! Möchte wirklich wissen, was da tatsächlich dahintersteckt!«

»Wem sagst du das! Hoffentlich eine von deinen vielen Möglichkeiten, die du da gerade aufgezählt hast!« Horst hoffte dies in der Tat. Insgeheim aber hatte sich längst ein Verdacht in seinen Kopf geschlichen. Ein Verdacht, der ihm ganz und gar nicht behagte.

21

Im Industriegebiet von Lauffen, gleich neben dem Neckar gelegen, bogen sie mit ihrem Wagen in eine Seitenstraße ein. »Dort hinten müsste es sein.« Andreas Trenk deutete auf eines der letzten Gebäude auf der rechten Seite. »Genau, da steht ja auch der LKW.«

Ein Lastzug mit der Aufschrift »Spedition Salvatore. Heilbronn – Bologna, zweimal pro Woche« war neben einem unscheinbaren Firmengebäude geparkt, das offensichtlich auch als Wohnhaus fungierte.

»Typischer Ein-Mann-Unternehmer, der Guiseppe Salvatore! Immer noch! Der macht lieber alles selber, bevor er sich den Stress mit Angestellten antut, die immer nur krank sind, hat er mir einmal erzählt! Gute zwanzig Jahre hier – und schon hast du die deutsche Arbeitgeber-Mentalität voll drauf!«, grinste Andreas, während er den Wagen zum Stehen brachte.

»Wir haben Glück! Da drüben ist er ja,« Horst deutete auf einen kleinen dunkelhaarigen Mann mittleren Alters, der gerade eben das linke hintere Zwillingsreifenpaar seines Trucks einer Inspektion unterzog.

Ein eiskalter Ostwind schlug ihnen entgegen, als sie aus dem Fahrzeug stiegen. »Das ist ja ekelhaft kalt«, stöhnte Horst und hauchte sich warme Atemluft auf die Handflächen. »Ich fürchte, der Winter kommt noch mal zurück!«

»Scheint beinahe so«, brummelte Andreas, während er das Kinn fröstelnd im hochgeschlagenen Kragen der Jacke vergrub.

Der kleine Dunkelhaarige richtete sich überrascht auf, als er die Stimmen hörte und musterte die beiden Neuankömmlinge mit einem kritisch-distanzierten Blick.

»Hallo Guiseppe!«, rief Andreas schon von weitem. »Kennst uns wohl gar nicht mehr?«

»Ach, ihr seid es!« Ein Lächeln huschte über das Gesicht des Fernfahrers. »Aber freilich kenne ich euch!« Er zog die Handschuhe aus und reichte erst Andreas anschließend Horst die Rechte. »Buon giorno, Andreas, alter Freund! Hallo Horst! Wie geht es dir?«

»Danke der Nachfrage! Na, hast du Probleme mit dem Lastwagen?«, deutete er zu dem Zwillingsreifen hinüber.

»Hoffentlich nicht!«, gab Salvatore zurück. »Aber ich fahre heute Abend wieder runter nach Bologna, und ich möchte dann nicht voll beladen irgendwo in den Alpen eine Panne haben! Ich hab mir eingebildet, irgendein Geräusch gehört zu haben, war aber wohl doch nichts ...« Er warf einen weiteren prüfenden Blick auf die Reifen, ehe er den Kopf schüttelte. »Aber ihr seid doch sicher nicht bei mir vorbeigekommen, um mit mir den Truck zu inspizieren, oder?«, fragte er mit freundlichem Lächeln.

»Nein, natürlich nicht!«, gab Andreas das Lächeln zurück. »Es ist ... weißt du ... wir wollten ...«, druckste er herum, bevor er sich einen Ruck gab. »Weißt du, es ist wegen Andrea. Wir haben gedacht, wir kommen einmal direkt zu dir und fragen nach, was mit dem Andrea eigentlich los ist! Falls du in dieser Sache überhaupt mit uns sprechen willst«, setzte er noch hinzu.

Die gute Laune in Guiseppe Salvatores Gesicht war mit einem Schlag wie weggeblasen. Ein Schatten huschte über seine Miene. Er faltete die Hände und sandte einen verzweifelten Blick zum Himmel. »Madonna! Wenn ich das nur wüsste!«

»Weißt du«, begann sich nun auch Horst vorsichtig in das Gespräch einzuschalten. »Wir waren bei den letzten beiden Heimspielen in Stuttgart und hauptsächlich beim letzten ... ich muss dir nichts sagen ...«, er unterbrach sich kurz, während er bekümmert den bitteren Zug registrierte, der um Guiseppes Mundwinkel zuckte. »So kennen wir den Andrea gar nicht! Das ist doch einfach nicht seine Art!«

»Eben!«, ergänzte Andreas Trenk. »Und deshalb haben wir uns gedacht, bevor wir da lange hin- und her spekulieren, da kommen wir einfach direkt bei dir vorbei und fragen dich selber. Und du wiederum kannst natürlich voll auf uns zählen, falls wir dir in irgendeiner Form helfen können!«

»Helfen! Madonna!« Der kleine Mann breitete hilflos die Arme aus. »Wie soll mir jemand helfen, wenn ich selber nicht weiß, was da eigentlich gespielt wird?!«

»Gespielt wird? Du meinst, da ist tatsächlich etwas im Busche?« Als erfahrener Polizeibeamter hatte Horst schnell die Veränderung in der Tonlage seines Gegenübers bemerkt. Also ging in Sachen Andrea Salvatore doch nicht alles mit rechten Dingen zu – oder bildete er sich diese abstrusen Vorgänge im Augenblick als überspannter misstrauischer Kommissar einfach nur ein?

»Ja, gespielt! Ich habe selber gar keine Ahnung! Aber kommt«, er winkte mit dem Arm zur Haustür hinüber. »Jetzt kommt doch erst einmal herein und lasst uns nicht hier draußen in der Kälte stehen! Emilia wird sich mit Sicherheit freuen, euch zu sehen!«

Emilia Salvatore, nicht nur in Heilbronner VfR Kreisen ganz einfach und treffend »la mama« genannt, sie war die Seele des ganzen Haushalts. Klein, rundlich und mit einem geradezu überschäumenden Temperament gesegnet verkörperte sie auch für Horst und Andreas den Inbegriff der guten italienischen Mama, wie man sie in den wunderschönen Filmen der 50er Jahre kennen und lieben gelernt hatte.

»Aber gerne!« strahlte Horst und folgte dem Italiener dankbar ins hoffentlich gut geheizte Haus.

22

»Das ist ja in der Tat merkwürdig!«, brummelte Andreas wenig später mit verlegen gesenktem Kopf, während er aus den Augenwinkeln wahrnahm, wie sich Emilia mit der Küchenschürze die tränennassen Augen wischte und dabei leise und traurig schniefte.

»Schon gut, mama!« Guiseppe legte fürsorglich den Arm um seine Frau. »Das wird schon alles wieder gut werden!«

Einen Moment lang herrschte betretene Stille in der Küche der Salvatores. Nachdenklich starrte Horst auf das Muster des beigen Resopaltisches, bevor er sich räusperte.

»Und ihr sagt, dass sich also auch Lucca in den letzten Tagen so merkwürdig benommen hat?«

Guiseppe Salvatore schnaubte unwillig. »Merkwürdig! Ich weiß auch nicht, was ich sagen soll! Da kommt er freudestrahlend aus Turin angefahren, um sich bei uns ein paar Tage Ruhe zu gönnen, während seiner Verletzungspause, und dann ist da plötzlich nur noch Streit und Ärger! Rumore!« Unzufrieden hieb er mit seinen Fingerknöcheln auf die Tischplatte.

»Und zum Spiel ist er auch nicht gegangen!«, schniefte Emilia vorwurfsvoll. »Obwohl er es Andrea fest versprochen hatte! Er habe Zahnschmerzen, hat er nur gesagt!«

»Hatte er ja auch!«, warf der Vater unwirsch dazwischen. »Ich habe das alles aber trotzdem nicht verstanden! Da bleibt der Junge die ganze Nacht weg, obwohl er am Abend noch gesagt hat, er sei bald wieder da. Und dann kommt er schließlich morgens um halb sechs nach Hause und jammert einem die Ohren voll!«

»Wie? Die Ohren voll?« Andreas verstand nicht, was das heißen sollte.

»Na, wegen der Zahnschmerzen eben!« Wieder hieb der Italiener mit der Faust auf die Tischplatte. »Da treibt man sich die ganze Nacht irgendwo mit irgendwelchen Leuten herum, und dann kommt man im Morgengrauen nach Hause und hat plötzlich rasende Zahnschmerzen. Die scheint er ja die ganze Nacht über nicht gespürt zu haben.« Er zog ein Papiertaschentuch aus der Hose und schneuzte sich ausgiebig, bevor er fortfuhr. »Danach hat der im Badezimmer solch ein Gejammer veranstaltet, dass ich davon sogar aufgewacht bin! Keine Ruhe hat er mehr gegeben, bevor ich nicht unseren Zahnarzt aus dem Bett geholt und ihn so lange bearbeitet habe, bis er endlich nachgegeben hat und den Lucca gleich in die Praxis bestellte!«

»Und danach ist er dann den ganzen Tag über im Bett gelegen – und am nächsten Tag auch noch! Nicht einmal mit Andrea hat er sprechen wollen ...«, mischte sich nun auch wieder Emilia in das Gespräch.

»Als die beiden endlich doch miteinander gesprochen haben, da haben sie sich nur gestritten! Daraufhin ist Andrea wütend aus dem Haus gerannt und hat die Tür hinter sich zugeknallt!«

»Und worum ist es da gegangen?«, erkundigte sich Horst neugierig.

»Keine Ahnung!« Der Italiener zuckte ratlos mit den Achseln. »Da hat keiner etwas darüber gesagt!«

»Am nächsten Tag ist aber mein Lucca schon wieder nach Turin zurückgefahren. Obwohl er doch noch drei Tage hat bleiben wollen! Und verabschiedet hat er sich fast gar nicht von mir!« Wieder wischte sich Emilia traurig eine Träne von ihrer Wange. »Das war gar nicht mehr mein Lucca, wie ich ihn erzogen habe!«

»Merkwürdig!« Andreas zog mit dem Zeigefinger gedankenverloren einen Strich auf der Tischplatte. »Vielleicht hat er halt immer noch Zahnweh gehabt! Das kann schon scheußlich sein, das weiß ich aus eigener Erfahrung! Da ist einem wirklich nicht nach Lachen zu Mute!«

»Möglich«, nickte Guiseppe. »Auf jeden Fall hat sogar noch der Zahnarzt hinterher bei mir angerufen und sich nach dem Zustand von Lucca erkundigt!«

»Donnerwetter!«, staunte Horst, »so einen Zahnarzt möchte ich auch mal haben! Das ist ein Service! Vorbildlich!«

»Also ich würde das eher ungewöhnlich nennen!«, schüttelte Andreas erstaunt den Kopf. Er breitete die Arme aus und musterte Guiseppe aus ernsten besorgten

Augen. »Also lasst uns doch Klartext reden, da stimmt etwas nicht! Da ist irgend etwas im Busch! Was auch immer ...«

»Was auch immer!« Wütend donnerte der Spediteur seine Faust auf die Tischplatte. »Aber was? Und wie? Und wieso! Mama mia – ich weiß es nicht!« Mit einem großen Taschentuch wischte er sich die Schweißperlen von der Stirn. Mit gesenktem Kopf stierte er vor sich hin.

Emilia warf einen kummervollen Blick zu ihrem Mann hinüber, bevor sie zögernd zu sprechen begann: »Also, ich weiß nicht.«, murmelte sie leise. »Da scheint es schon um ganz merkwürdige Dinge zu gehen.« Wieder unterbrach sie sich, um Horst für einen kurzen Augenblick ernst zu mustern. »Ich denke, ich kann offen reden – und es bleibt auch unter uns, per favore. Ja?«

Horst und Andreas nickten stumm.

»Gut!« Emilia atmete tief durch. »Du bist Polizist, Horst! Du weißt, wann du zu schweigen hast.«

»Sicher!«

Sie stützte die Ellbogen auf die Tischplatte und fixierte einen imaginären Punkt am Fenster. »Also, ich meine, ich hätte da zu Beginn der letzten Auseinandersetzung zwischen Lucca und Andrea etwas gehört ...« Wieder hielt sie kurz inne, als würde sie ein letztes Mal überlegen, ob sie es wirklich aussprechen sollte.

»Was denn gehört, Emilia?«, brauste Guiseppe auf, der allmählich ungeduldig zu werden begann. »Nun sag schon!«

»Piano, piano!« beschwichtigte die Mama. »Also, ich meine, als Lucca von unserem Andrea verlangt hat, den Francesco hinauszuwerfen ...« Sie ließ das Ende des Satzes offen.

Guiseppe schnaubte unwillig. »Wie? Hinauswerfen? Was meint er damit?«

Emilia zuckte mit den Schultern. »Weiß ich nicht! Hinauswerfen eben! Feuern halt!«

»Aber wieso denn?« Guiseppe steigerte seine Lautstärke. »Was ist denn mit Francesco? Der macht seine Sache doch gut!«

»Si, si!«, bestätigte Emilia und breitete hilflos die Arme aus. »Aber gerade deshalb verstehe ich ja auch nicht, was das sollte!«

»Und weshalb mischt sich der Lucca da ein? Und wieso redet der nicht erst mit uns darüber? Und warum müssen sich die beiden deshalb dann gleich so in die Haare geraten?« Guiseppe war erregt aufgesprungen und funkelte seine Ehefrau wütend an. »Was soll das alles?«

»Ich weiß es nicht!«, schüttelte die kleine rundliche Frau müde ihren Kopf. »Ich begreife das alles nicht.«

»Und wenn du dich nur verhört hast«, mischte sich nun Andreas zaghaft in das Gespräch. »Vielleicht ist es ja um etwas ganz anderes gegangen.«

Emilia lächelte gequält. »Ich bin zwar nicht mehr die Jüngste – und auch nicht die Schnellste –, aber meine Ohren, die sind schon noch in Ordnung. Es ist nett, dass du mich ablenken willst, Andreas, aber nein, ich habe das schon richtig verstanden, denke ich!«

»Aber das gibt doch keinen Sinn! Nicht den geringsten! Madonna! Was soll denn das werden?« Guiseppe konnte das gerade eben Gehörte noch immer nicht fassen. »Was soll denn der Lucca davon haben, wenn er ihm den Francesco ausspannt?! Und außerdem gibt es da ja Verträge: Wir können den Adoni doch gar nicht so einfach hinauswerfen!«

»Und wir wollen das auch nicht!«, ergänzte Emilia, jetzt mit fester Stimme. »Nein, das wollen wir nicht! Weshalb auch?«

»Eben!«, nickte der kleine Italiener. »Der Francesco hat gute Arbeit geleistet und deshalb gibt es keinen Grund, mit ihm unzufrieden zu sein. Und was das den Lucca angeht, das möchte ich schon einmal wissen!«

»Vielleicht wittert der das große Geld und hat einen Kontakt über Juventus geknüpft«, schaltete sich Horst ein. »Ihr wisst ja viel besser als unsereiner, wie viel Geld in Italien mit Fußball verdient wird! Und jetzt, wo sich bei Juve sogar der Ghaddafi eingekauft hat ...«

»Ghaddafi!« Guiseppe spuckte den Namen förmlich aus. »Ausgerechnet Ghaddafi! Ich habe es kaum glauben wollen! Und bei solch einem Verein spielt mein Junge! Madonna! Die sind verrückt geworden in Italien! Sich von so jemandem abhängig zu machen! Unglaublich! Impossibile!«

»Aber was soll das eine denn mit dem anderen zu tun haben? Das ergibt doch alles nicht den geringsten Sinn!« Ärgerlich klatschte Andreas die Hände zusammen. »Und weshalb muss man dann gleich ausrasten, wenn einem der eigene Bruder empfiehlt, den Spielerberater zu wechseln? Da ist doch zunächst einmal nichts Kriminelles daran, oder?« Fragend blickte er in die Runde.

»Nein, da hast du auch wieder Recht!«, bestätigte Horst. »Und es ist erst recht keine Erklärung für die Formkrise von Andrea. Dass die beiden sich wegen so etwas in die Haare kriegen, zeigt eigentlich nur, dass die Nerven bei unserem Andrea blank liegen. Nein, Emilia«, er schüttelte langsam und bedeutungsvoll den Kopf. »Den Grund für die schwachen Leistungen bei den letzten Spielen und für diesen völligen Blackout neulich im Stadion, den müssen wir anderswo suchen, da bin ich mir fast sicher!«

»Anderswo!« Emilia schnaubte ungehalten. »Aber wo? Wenn es das nicht war, dann ist es in Ordnung, gut! Aber jetzt sind wir so schlau wie zu Beginn unserer Unterhaltung, oder?«

»Schon«, musste Horst zugeben. »Aber wenn wir jetzt noch einmal die ganzen Fakten analysieren, da ist zunächst einmal ...«

Weiter kam er nicht, denn im selben Augenblick läutete es an der Haustür. Missmutig blickte Guiseppe auf. »Wer ist das denn?«

»Keine Ahnung! Ich schau mal nach.« Emilia erhob sich mit einem schweren Seufzer und schlurfte zur Tür.

Die in der Küche Zurückgebliebenen zogen es vor, das unterbrochene Gespräch nicht fortzusetzen, und warteten stumm auf Emilias Rückkehr.

Wenig später erschien die Mama wieder: In Begleitung eines dunkel gekleideten Mannes, eindeutig südländischer Typ, ungefähr Mitte 30, straff zurückgekämmtes schwarzes Haar, solariumsgebräunte Haut, Goldkettchen an Hals und Handgelenk, verspiegelte Sonnenbrille.

Grußlos verharrte er an der Küchentür, während Emilia mit verlegenem Lächeln nach den richtigen Worten suchte: »Ja, äh ... Das ist Signore Garbaldo ... Wir hatten mit ihm für diese Uhrzeit einen Termin ausgemacht.«

»Einen Termin?« Ungläubig runzelte Guiseppe die Stirn.

»Ja, einen Termin, Guiseppe. Hast du das schon wieder vergessen? Der Signore wollte vorbeikommen, um mit dir über die Fracht zu sprechen ... Weißt du das denn nicht mehr?«

Guiseppe überlegte krampfhaft. »Nein, davon weiß ich nichts.«

»Aber sicher weißt du!«, verschärfte sich Emilias Tonfall. »Es war doch ausgemacht für diese Uhrzeit. Wegen der Fracht nach Bologna!«, setzte sie nachdrücklich hinzu, bevor sie sich an die beiden anderen Besucher wandte. »Tja, äh ... Ich meine, das ist mir jetzt ein bisschen peinlich, aber ...«

»Nein, nein. Alles in Ordnung, Emilia! Wir sind ja schließlich auch einfach so, ohne Voranmeldung, bei euch hereingeschneit.« Horst erhob sich und nickte Andreas zu, es ihm nachzutun. »Wir können uns ja ein anderes Mal wieder treffen und uns telefonisch auf dem Laufenden halten! Also dann!« Er streckte die Hand aus. »Ciao Emilia, ciao Guiseppe. Und bis bald!«

Noch immer verwundert über das Erscheinen des stummen Frachtinteressenten erhob sich Guiseppe, um Horst und Andreas zur Haustür zu begleiten.

Andreas winkte ab. »Bleib ruhig sitzen, Guiseppe. Wir finden schon allein raus! Ciao, arrividerci!«, verabschiedete er sich und schritt an dem Dunkelmann vorbei zur Tür.

»Komischer Typ, das!«, schüttelte Horst den Kopf, kaum dass sie die Haustür hinter sich zugezogen hatten. »Der hat ja keinen Piep von sich gegeben! Also Leute gibt's!«

»Und Autos haben die!«, nickte Andreas zu dem knallgelben italienischen Sportwagen hinüber, mit dem der merkwürdige Zeitgenosse bei der Spedition vorgefahren war.

»Glaubst du die Story mit dem vergessenen Frachttermin nach Bologna eigentlich, oder spielt mir da mein überdrehtes Polizistenhirn schon wieder einen Streich?«, erkundigte sich Horst bei seinem Mitbesucher.

»In hundert Jahren nicht! Also was das nun wieder sollte, das ist mir völlig schleierhaft!«, tippte sich Andreas vielsagend an die Stirn. »Der Guiseppe, der hat ja auch nicht gewusst, was er mit diesem Typen da zu schaffen haben sollte. Schon komisch, das Ganze.«

»Was mir beweist, dass da offenbar ein paar Dinge aus dem Ruder laufen!«, bestätigte Horst. »Ich denke, wir waren grade eben schon ziemlich nah dran an des Rätsels Lösung, oder?«

»Mag sein! Aber so ganz ist mir immer noch nicht klar, wie die Fragestellung eigentlich lautet und wie stark die Eltern Salvatore mit in dieser eigenartigen Geschichte, die es ja wohl ist, drinstecken«, sinnierte Andreas.

»Für alle Fälle notiere ich mir mal das Autokennzeichen von dem gelben Flitzer da. Stuttgarter Nummer, aha. Und wie originell: S – EX 1893! Zum Brüllen komisch!«

»Wieso das denn?«

»Na ja, erstens diese Sex-Buchstabenkombination. Und dann 1, 8, 9, 3! Witzig, witzig!«

Der andere begriff noch immer nicht. »Was soll denn daran so komisch sein. Eine Zahlenkombination halt: 1, 8, 9, 3! Na und?«

»Weil das eine Jahreszahl ist! Das müsstest du doch eigentlich wissen: 1893, was war denn da? Sportlich gesehen, meine ich?«, half ihm Horst geduldig auf die Sprünge.

»Ach so!« Andreas schlug sich mit der flachen Hand an die Stirn. »1893, das Gründungsjahr des VfB Stuttgart!«

»Der Kandidat hat 100 Punkte«, grinste Horst. »Jetzt bin ich bloß mal gespannt, auf welchen Namen das Wägelchen da zugelassen ist.«

»Darfst du das denn so einfach nachschauen?«

»Nein!« versetzte Horst fröhlich. »Eigentlich nicht ...«

»Und uneigentlich?«

»Uneigentlich schon! Einen klitzekleinen Vorteil muss es wenigstens haben, bei der Polizei beschäftigt zu sein.«

»Oh, liebes Herrgöttle von Biberach! Und was sagt der Datenschutz dazu?«

»Wer?«, gab sich Horst bewusst begriffsstutzig.

»O.k., habe verstanden! Keine weiteren Fragen mehr!«, verdrehte Andreas die Augen. »Das heißt, eine letzte habe ich noch: Was macht ein solcher Typ beim VfB? Oder ist dieser Mafioso etwa ein VfB-Fan? Wo die ganzen Italiener doch sonst nur für Mailand oder Rom oder Juve schwärmen!«

»Auch das werden wir hoffentlich herausfinden! A propos Juve! Ich finde, wir sollten doch einmal nachfragen, welcher Art die Zahnschmerzen denn gewesen sind, die unseren Juventus Jungstar dermaßen geplagt haben, dass er beinahe die glatten Wände hoch gegangen ist!«

»Geht das denn? Gibt es da denn keine ärztliche Schweigepflicht?«

»Schon! Aber in diesem Fall handelt es sich ja um einen Zahnarzt!« Horst schürzte die Lippen. »Wer weiß, ob die zahnärztliche Schweigepflicht genau dasselbe darstellt! Ich finde, wir sollten es auf jeden Fall einmal probieren!«

»Na gut, einverstanden! Weißt du denn noch, wie der Zahnarzt geheißen hat?«

»Ja, ich meine der heißt Berger, das hat der Guiseppe, glaube ich, gesagt! Dr. Berger aus Lauffen. Also, so groß ist Lauffen ja nicht, dass wir den nicht finden werden!«

»Also dann, wir nehmen aber das Auto, denn mir wird's allmählich kalt. Und um bei diesen Temperaturen auf der Suche nach einer Zahnarztpraxis in der Stadt herumzuirren, dafür ist mir Lauffen dann doch wieder zu groß!«

»Geritzt!«, lachte Horst und folgte Andreas zum Wagen.

23

»Also, da wären wir!« Horst deutete eine Viertelstunde später auf das Hinweisschild der Zahnarztpraxis Dr. Berger, das an der Fassade eines großen Geschäftshauses in Lauffen angebracht war.

»Gut«, nickte Andreas Trenk zufrieden. »So weit also wären wir. Dann geh am besten du mal alleine hinein, das ist vielleicht besser, als wenn wir da gleich zu zweit aufkreuzen. Ich warte so lange da drüben im Café.

»O.k., ich komm dann rüber – hoffentlich schlauer als jetzt!« Damit drückte der Kommissar auf den Klingelknopf neben der Tür und betrat wenige Augenblicke später die Praxis des Zahnarztes.

Es dauerte eine knappe Viertelstunde, bis der Arzt für ihn zu sprechen war. Erst nachdem er der Sprechstundenhilfe diskret seinen Polizeiausweis gezeigt hatte, war sie bereit gewesen, ihn »außer der Reihe«, wie sie sich ausgedrückt hatte, in eines der Behandlungszimmer zu führen. Horst war sich darüber im Klaren: Das mit dem Dienstausweis konnte Ärger geben, mächtigen Ärger sogar, denn er ermittelte schließlich weder in einer offiziellen Angelegenheit, noch in seiner Zuständigkeit. Für diejenigen Kollegen, die schon lange und sehnsüchtig auf seine Kommissarsstelle bei der Kripo in Heilbronn warteten, wäre das natürlich ein gefundenes Fressen – und erst recht für diejenigen unter den Vorgesetzten im Polizeiapparat, denen der Kommissar Meyer sowieso allzu oft und mit allzu viel Zivilcourage gegen den Strich bürstete. Aber für den Moment kümmerte Horst das nicht!

»So, Guten Tag! Was kann ich für Sie tun?«

Horst schrak kurz zusammen, als die Stimme an sein Ohr drang, so sehr war er in seine Gedankengänge vertieft. Er sah auf und blickte in das Gesicht eines freundlichen älteren Herrn, der ihn neugierig ansah. »Berger!« stellte er sich vor und reichte dem Kommissar die Hand zum Gruß. »Und Sie sind von der Polizei, habe ich gehört?«

»Richtig! Meyer ist mein Name, Horst Meyer. Und ich bin Kommissar bei der Kriminalpolizei in Heilbronn, eigentlich ...«, setzte er noch hinzu.

»Eigentlich?« Der Arzt blinzelte überrascht hinter seinen Brillengläsern hervor. »Was heißt hier eigentlich? Entweder Sie sind von der Polizei oder Sie sind nicht von der Polizei, oder?«

»Ja, nein!« Die Röte schoss in Horsts Gesicht. »Sie haben Recht, natürlich bin ich bei der Polizei.«

»Aha!« Weitaus weniger freundlich als zu Beginn ihrer Begegnung kniff Berger die Augen zusammen und musterte sein Gegenüber kritisch. »Dann können Sie mir ja bitte auch erst einmal Ihren Dienstausweis zeigen, falls Sie ihn dabei haben!«

Das konnte ja heiter werden! Andererseits konnte es Horst dem Zahnarzt nicht verdenken: Es war schon eine etwas merkwürdige Situation, die er da im Behandlungszimmer eigenhändig produziert hatte. Horst griff in seine Gesäßtasche und fingerte den Dienstausweis heraus, den er dem anderen entgegenstreckte.

Der Zahnarzt schob die Brille auf die Stirn und unterzog den Ausweis einer intensiven Betrachtung. Danach hellte sich seine Miene wieder auf. »Na also. Ist doch alles in Ordnung. Sie sind ja bei der Polizei! Vielen Dank! Was also führt Sie zu mir?« Damit reichte er die Kennmarke wieder zurück an deren Besitzer.

»Tja, also ...« druckste Horst noch immer verlegen und auf der Suche nach den richtigen Worten herum. »Sie hatten da vor einigen Tagen einen etwas merkwürdigen Patienten, wenn ich das einmal so sagen darf. Das war ein junger Mann, dessen Vater hier eine Spedition betreibt: Lucca Salvatore hieß der Patient.«

Schlagartig hatte sich der Blick des Arztes verändert, als Horst den Namen des Behandelten erwähnte, in dessen Fall er recherchierte. Fast schien es so, als sei Berger bei der Erinnerung an den Patienten zu Tode erschrocken. Er wandte sich ab und näherte sich mit langsamen Schritten dem Schreibtisch, hinter dem er sich mit ernster Miene niederließ, bevor er Horsts Feststellung bestätigte. »Ja, doch. Ich erinnere mich.«

Horst wartete eine kurze Weile darauf, dass Berger fortfuhr, doch der Zahnarzt blieb stumm. »Es ist nämlich so, Guiseppe Salvatore hat mir mitgeteilt, dass sein

Sohn unter rasenden Zahnschmerzen gelitten hat, nachdem er – ganz gegen seine Ankündigung – fast die ganze Nacht über aus dem Haus gewesen war und dass Lucca es nicht mehr ausgehalten hat, bis er schon vor der eigentlichen Sprechzeit zu Ihnen in die Praxis hat kommen können.«

»Tja, so war das wohl! Er hat offenbar wirklich unter rasenden Zahnschmerzen gelitten. Aber seit wann sind Zahnschmerzen ein Fall für die Kriminalpolizei?«, versuchte der Zahnarzt trotz offensichtlicher Beklemmung, die ihm die Erinnerung an die Behandlung verursachte, eine scherzhafte Bermerkung einzustreuen.

»Normalerweise natürlich nicht!«, räumte Horst ein. »Wie ich Ihnen vorhin bereits angedeutet habe: Ich ermittle in diesem Fall nicht offiziell, sondern lediglich erst einmal informell.« Er hoffte inständig, dass der Zahnarzt dies als Fachbegriff einer dienstlichen Vorermittlung deuten möge und sich damit auf einen weiteren Dialog einließ.

»Informell! Aha!« Berger schien in der Tat unsicher, wie er die rätselhafte Aussage des Polizisten zu deuten hatte. Dann war er offensichtlich zu einer Bewertung gelangt. Er straffte den Rücken und legte die Stirn in kritische Falten. »Aber ich brauche Ihnen als Polizeibeamten ja wohl nicht zu sagen, was unter dem Begriff der ärztlichen Schweigepflicht zu verstehen ist, oder?«

Es hatte nicht geklappt! Mist! Horst gab sich zerknirscht und einsichtig. »Natürlich, Herr Doktor! Schon klar. Nur, es ist so, dass ich noch gar nicht weiß, was aus der ganzen Geschichte werden wird. Da sind lediglich einige merkwürdige Fakten auf dem Tisch, die allesamt noch nicht im Geringsten zusammenpassen. Ja – und aus genau diesem Grunde kann ich noch gar keine offiziellen Ermittlungen führen.«

»So dass Sie sich also sozusagen in einer rechtlichen Grauzone bewegen, wenn ich nicht völlig daneben liege, oder?«, wurde er von dem Arzt unterbrochen, der ganz eindeutig seine Selbstsicherheit wiedergewonnen hatte.

»Ja, zugegeben! Sie haben Recht! Aber was soll ich machen? Ich komme offiziell an die Geschichte nicht heran – wenn überhaupt etwas dahinter steckt! Und um den Fall zu einem solchen machen zu können, muss ich erst einmal die nötigen Fakten und Verdachtsmomente zusammentragen, sonst geht gar nichts!«

»Und da kommen Sie nun ausgerechnet zu mir?«

»Ja, eben wegen Lucca Salvatore! Auch sein Vater findet, dass die Geschichte mit den Zahnschmerzen äußerst merkwürdig verlaufen ist. Allerdings hat der Junge sich ihm gegenüber überhaupt nicht geäußert.»

Und nun soll ich Ihnen weiterhelfen?« wiederholte der Zahnarzt seine verwunderte Schlussfolgerung.

»Ja, wie gesagt, irgendwo muss ich schließlich beginnen. Und das mit den Zahnschmerzen scheint ja wirklich seltsam zu sein.«

»Hmmh!«

Es war zum Verzweifeln! »Ich verstehe Sie schon, Herr Doktor! Sie dürfen nichts sagen, schon gar nicht, wenn sich Ihr Patient sogar der eigenen Familie gegenüber bedeckt hält. Aber vielleicht so viel – und ich verspreche Ihnen, dass ich diese Aussage sofort wieder vergessen werde –, worum hat es sich denn gehandelt? Um einen Eiterzahn, um eine Fistel unter dem Zahn oder was es da sonst noch so alles gibt? Was kann denn solche offenbar höllischen Schmerzen hervorrufen?«

»Höllische Schmerzen kann es durchaus geben, davon könnte ich Ihnen viel erzählen. Wie Sie selbst sagen: Eiterzähne, gesplitterte Wurzeln, Kieferentzündungen und vieles der schmerzhaften Fälle mehr. Nur, in diesem Fall war es etwas anders ...«

Wieso legte der Kerl denn nun schon wieder eine Pause ein, worauf wollte der denn hinaus? »Was meinen Sie denn damit, Herr Doktor? Welches Übel hatte er an seinen Zähnen?«

Der Zahnarzt hob das Kinn und sah ernst und direkt in die Augen seines ungeduldigen Besuchers: »Er hatte das Pech, einem meiner Kollegen in die Hände gelaufen zu sein. Einem Kurpfuscher, wie ich das in den ganzen Jahrzehnten meiner Laufbahn noch nie erlebt habe und – hoffentlich – auch nie mehr erleben muss! Eine Schande für den gesamten Berufsstand! Das ist alles, was ich Ihnen zu diesem Fall sagen kann und darf – eigentlich schon mehr, als ich überhaupt sagen durfte! Tut mir leid«, setzte Berger noch hinzu, als er die konsternierte Miene seines Gegenübers registrierte, »aber so ist es, Kurpfuscherei in ihrer übelsten Ausprägung!«

Ein frustrierter Kommissar verließ wenig später die Zahnarztpraxis in Lauffen. Wieder eine Spur, die zu nichts und niemandem geführt hatte! Wenn es überhaupt eine Spur gewesen war! Das Beste war vielleicht doch wohl, die Sache auf sich beruhen zu lassen, und nicht Dinge hinein zu geheimnissen, die es gar nicht gab. Außer eben der eklatanten Formschwäche eines jungen und einstmals hoffnungsvollen Fußballspielers, in den man halt schlicht und ergreifend zu viele Erwartungen gesetzt hatte: So viele, dass er unter dem erbarmungslosen öffentlichen Druck gescheitert war!

24

»Nein, das kannst du doch nicht machen! Jetzt wirf doch die Flinte nicht gleich bei der ersten Enttäuschung ins Korn! Was bist denn du auf einmal für ein Waschlappen aber auch?!« Die Empörung, die den Gesprächsteilnehmer am anderen Ende der Leitung ergriffen hatte, drang unüberhörbar aus dem Telefonhörer. »Jetzt versuch's halt wenigstens noch einmal! Ruf den an, diesen Salvatore, und frage ihn aus, nach allen Regeln der Kunst! Mensch, Horst! Du warst es doch immer, der mir wieder und wieder vorgehalten hat: So leicht gibt man nicht klein bei!«

»Du hast gut reden, Sputnik! Erst über unseren Andrea herziehen und mich jetzt plötzlich auf den vermeintlichen Fall hetzen wie den Kampfhund auf einen frischen Knochen! Also wirklich!« Doch trotz seiner verbalen Gegenwehr setzte sich bei dem Kommissar allmählich die Überzeugung durch, dass Michael Protnik mit seiner Einschätzung durchaus richtig lag. Er musste es ganz einfach noch einmal probieren! »Also gut, du hast gewonnen!«, unterbrach er schließlich den munteren Argumenteschwall, der unaufhörlich durch die Leitung gespült wurde.

»Einverstanden! Ich werde es gleich nachher versuchen!«

»Na also«, brummelte es zufrieden aus Richtung Ulm zurück. »Sage noch einer etwas gegen die Unterländer und ihren Dickschädel, selbst bei euch scheinen Argumente manchmal noch zu fruchten!«

»Der Sputnik wie er leibt und lebt! Danke für die Blumen, mein lieber Freund! Eigentlich wollte ich euch ja fragen, was ihr denn in den Osterferien so macht. Aber nach solchen Komplimenten.«

»Osterferien? Richtig, die müssten ja jetzt irgendwann anfangen, stimmt's?«

»Du meine Güte, da sieht man halt mal wieder, wie es ist, wenn jemand keine schulpflichtigen Kinder hat! Beneidenswert! Du kannst mit deiner Zeit und deinem Bebele immer anfangen, was du grade willst! Und brauchst morgens auch nicht um sechs Uhr aufzustehen und Schulbrote zu schmieren! Weißt du was, Sputnik, du hast es schöner als ein Metzgershund – ist dir das eigentlich klar?«

»Schöner als wer?« Der Teilnehmer am anderen Ende vermutete – zu Unrecht –Ungeheuerliches.

»Schöner als ein Metzgershund! Alter schwäbischer Ausdruck! Aber den kannst du ja nicht kennen, wo du doch in deiner finsteren sozialistischen Jugend nur von deutschen Schäferhunden geträumt hast.«, setzte Horst nun tatsächlich einen winzigen Giftpfeil hinterher.

»Also jetzt aber ...«, begann der so Geschmähte erwartungsgemäß mit seiner Widerrede.

»Komm, hör auf! Die Zeit hab ich jetzt nicht!«, unterbrach Horst den beginnenden Redeschwall genauso entschieden wie abrupt. »Ich soll ja schließlich den Salvatore anrufen, wenn da überhaupt etwas herauszubekommen ist!«

»Und was ist jetzt mit den Osterferien?«, ließ sich Protnik, der nur allzu gerne für ein paar Tage Urlaub bei den Meyers in Heilbronn machte, nicht ganz so schnell abwimmeln.

»Besprechen wir das nächste Mal! Ich muss dich ja sowieso wieder anrufen, um dich auf den Stand der Erkenntnis zu bringen, oder? Also dann, tschüss, mach's gut und sag deiner Uschi einen schönen Gruß von uns. Bis bald!« Horst wartete die Entgegnung gar nicht mehr ab, sondern drückte rasch den roten Knopf des Telefons, um das Gespräch zu beenden. Aus langjähriger Erfahrung wusste er nur allzu gut, wie lange eine Verabschiedung bei Protnik dauern konnte, wenn der sich auch nur einigermaßen in guter Verfassung befand.

Der Kommissar legte das Mobilteil zurück auf das Basisgerät und verharrte für einige Sekunden regungslos vor dem Telefon. Schon wieder stiegen Zweifel in ihm auf: Ob es denn wirklich einen Sinn macht, noch einmal bei den Salvatores anzurufen und sich nach dem Stand der Dinge zu erkundigen? Vielleicht war da ja wirklich nichts, was zur Beunruhigung Anlass gab. Und im Ernst, mehr als eine verpfuschte Zahnbehandlung, ein formschwaches Fußballtalent, eine dementsprechend irritierte Familie und einen unsympathischen südländischen Geschäftemacher, der den Salvatores höchstwahrscheinlich irgendwelche Werbeverträge für einen ihrer Söhne anbieten wollte, konnte er in dieser ganzen Geschichte nicht erkennen. Noch nicht?! Aber weshalb noch? Bei besagtem Südländer mit dem knallgelben Flitzer handelte es sich um einen Menschen namens Giancarlo Garbaldo, einen italienischen Kaufmann mit Wohnsitz in Stuttgart-Möhringen, so viel hatten seine Recherchen ergeben. Und die Tatsache, dass dessen erst wenige Tage altes Autokennzeichen das Gründungsjahr des VfB Stuttgart aufwies? Na und? Ein Fan des Vereins! Ein Mann der mit dem Verein und mit dem jungen Spieler ins Geschäft kommen wollte! Basta! Und die Buchstabenkombination S – EX? Na ja, läppisch halt! Das brauchten manche einfach! Oder, vielleicht hatte er ja auch noch ein paar Miezen laufen und meinte, mit diesem Kennzeichen ganz besonders darauf hinweisen zu müssen?

Na und? War dieses ach so beliebte Esslinger Kennzeichen ES – EL denn in dieser Hinsicht origineller? Oder die von Landräten, Oberbürgermeistern oder gar Regierungspräsidenten so heißt begehrten 01-Nummern: S – 001 und so weiter ... Na ja, wie auch immer, egal! Jedem Tierchen sein Pläsierchen: Ende der Diskussion!

Müde strich sich Horst mit der Hand über die Augen. Dann nahm er das Telefonbuch aus dem Regal und blätterte, bis er die Nummer der Spedition Salvatore in Lauffen am Neckar gefunden hatte. Er schaute kurz auf die Uhr: Samstag, 11 Uhr 30, eine gute Zeit, um bei den Salvatores anzurufen.

Nach dem dritten Klingeln meldete sich eine unwirsche männliche Stimme: »Pronto?«

»Hallo, hier ist Meyer! Horst Meyer aus Heilbronn! Der Hotte! Bist du es, Guiseppe?«

»Ah, Hotte! Buon giorno, Hotte! Wie geht es dir?« Die Stimme hatte nun einen etwas freundlicheren Klang angenommen.

»Danke, gut! Aber wie geht es dir, das wollte ich eigentlich wissen. Hat sich seit gestern etwas Erfreuliches getan?«

»Erfreulich?! Cara mia!! Erfreulich!« Horst konnte regelrecht fühlen, wie sich bislang mühsam zurückgehaltene, lange aufgestaute Wut bei seinem Gesprächsteilnehmer allmählich Bahn brach. »Was gibt es schon Erfreuliches auf dieser Welt? Andrea ist draußen, suspendiert vom Training! Das hat sich getan! Aus, Schluss, Basta!«

»Aber wieso denn das? Er wollte sich doch mit dem Trainer aussprechen und sich bei ihm entschuldigen! So stand's doch auch in den Zeitungen! Und der Trainer hat ihm ja auch schon signalisiert, dass man da eine Brücke bauen könne.«

»Hätte ... könnte ... wollte! Pah! Madonna!« Die Stimme des anderen steigerte sich in einen immer zornigeren Tonfall. »Ich weiß nicht, wer das geschrieben hat! Und wer ihn beraten hat! Falsch beraten hat!«

»Falsch beraten! Du meinst doch nicht den Francesco, oder? Den Adoni? Der ist doch selber todunglücklich über die ganze Sache.«

»Der! Todunglücklich! Mama mia! Der soll hingehen, wo der Pfeffer wächst! Mir braucht der nicht mehr unter die Augen zu kommen! Du hättest mal hören sollen, was ich seit neuestem alles über den weiß! Rausschmeißen muss man den! Ganz schnell rausschmeißen! Diesen Halunken!«

»Aber der Francesco, ich bitte dich, Guiseppe! Das ist doch kein Verbrecher, das ist doch ein ehrlicher Mann – sofern man in diesem Geschäft tatsächlich immer hundertprozentig sauber bleiben kann«, fügte Horst freilich noch hinzu. »Was hast du denn auf einmal gegen den?«

»Was ich gegen den habe? Madonna! Der gehört in die Wüste geschickt, verprügelt, verhauen, gevierteilt ...«

»Langsam, langsam, Guiseppe!«, unterbrach Horst energisch den zornigen Redeschwall, bevor der nun sämtliche möglichen und unmöglichen Todesarten aufzählte. »Was um alles in der Welt hat euch der Francesco denn plötzlich getan?«

»Getan! Getan! Was er nicht getan hat, das würde mich einmal interessieren«, polterte der Italiener in derselben Lautstärke weiter. »Und unser Andrea! Der will sich einfach nicht von ihm trennen, da lässt der nicht mit sich reden! Noch nicht einmal von mir und von Emilia lässt er sich überzeugen, und von seinem Bruder schon gar nicht.«, setzte er noch bitter dazu.

»Von seinem Bruder?«, staunte Horst. »Dann ging der Streit neulich also auch um den Manager?«

»Genau! Aber da ist anscheinend nichts zu machen gewesen!«

»Das hat dir der Lucca erzählt? Hat der sich also wieder bei euch gemeldet? Na wenigstens etwas!«

»Nein, das hat uns ... nein – oder vielmehr ja! Das heißt ja, natürlich!«, stammelte der Mann am Telefon plötzlich verlegen. »Das ist so ... Ach ja, Emilia, ich komme! Horst, ich muss jetzt Schluss machen, Besuch ist gekommen, ein Speditionskunde. Also dann, vielen Dank für deinen Anruf und auf Wiederhören, ciao!« Kaum hatte er sich so schnell und überstürzt verabschiedet, da war die Verbindung auch schon getrennt.

Verblüfft starrte Horst auf das Telefon. Was hatte denn das nun wieder zu bedeuten. Hatte Guiseppe nun mit Lucca gesprochen oder nicht? Und was war an einem solchen Gespräch so seltsam, das man nicht darüber reden konnte? Oder kam die Information in Wirklichkeit von anderer Seite – von ganz und gar anderer Seite? Von dem merkwürdigen Dunkelmann mit dem gelben Flitzer etwa?

Es war wie immer, wenn Horst Meyer eine Fährte aufnahm: Da war dieses Kribbeln, dieses feine, erst kaum spürbare Kribbeln in der Magengegend. Es breitete sich aus, wurde deutlicher und deutlicher, beschäftigte das Gehirn erst mit einem Gedanken, dann mit dem nächsten, bis sich der Fall allmählich verselbständigte.

»Du, Claudia!« Horst trat durch die geöffnete Terrassentür hinaus in den Garten, wo seine Ehefrau gerade mit kummervollem Blick die Lavendelsträucher inspizierte, die ein Opfer des vergangenen bitterkalten Winters geworden waren.

»Da, alles kaputt – und die Rosen sind auch gewaltig heruntergefroren!«, deutete sie auf einen der Rosenstöcke, die sich ziemlich trist und braun präsentierten. »Die muss man alle noch einmal nachschneiden, und zwar ziemlich kräftig! Na ja«, Sie erhob sich mit einem leidvollen Seufzer, »im Garten geht einem die Arbeit halt nie aus. Hast du mich gesucht? Geht es um etwas Bestimmtes?«, wandte sie sich an ihren Mann.

Horst nickte langsam und bedeutungsvoll. »Ich fürchte ja!«

25

»Was heißt hier teuer? Das ist ein wunderschönes Design, ein Topmodell! Und dafür ist es ganz schön billig!« Die junge elegant gekleidete Frau trat einen Schritt zurück und betrachtete voll zufriedenem Besitzerstolz die Designervase, die sie an diesem Morgen in einem exklusiven Stuttgarter Einrichtungshaus erworben hatte.

»Billig? Was ist denn an so einem Teil noch billig zu nennen, wenn es fast 1000 Euro gekostet hat? 1000 Euro für eine popelige Blumenvase!« Erregt tippte sich der junge Mann im Trainingsanzug an die Stirn. »Das ist doch jenseits von Gut und Böse: 1000 Euro für eine Blumenvase!«

Die junge Frau wandte sich um und musterte ihren Partner aus ärgerlich zusammengekniffenen Augen. »Jetzt reg dich doch nicht so auf, Andrea! Das hier ist keine x-beliebige Blumenvase, das weißt du ganz genau! Das ist ein ganz edles Stück, eine Designervase! Da schau doch, mit welcher Eleganz sie geformt worden ist!«

»Eleganz!« Andrea Salvatore schnaubte zornig. »Da darf man dann womöglich noch nicht einmal eine Blume hineinstellen, in diesen Pott, weil sonst womöglich die Eleganz darunter leidet!« Er schüttelte heftig den Kopf. »Ich weiß nicht, was an einem solchen Blumenhafen so elegant sein kann, dass man dafür unbedingt 1000 Euro ausgeben muss!«

»Andrea, ich bitte dich!« Der Geduldsfaden der Käuferin schien nicht mehr lange zu halten. »Du machst da ein Theater wegen der lumpigen 1000 Euro! Was soll denn das? So kenne ich dich gar nicht!«

»Lumpige 1000 Euro! Julienne! Ich glaube, ich höre nicht recht!« Wütend donnerte er mit der Faust auf die Tischplatte, wodurch das Objekt des Anstoßes einen Augenblick lang bedenklich ins Wackeln geriet. »1000 für so einen Scheißdreck! Da würde ich auf dem Flohmarkt nicht mal 20 dafür zahlen! Ja habe ich denn einen Geldscheißer oder was?!« Er baute sich direkt vor seiner Freundin auf und funkelte ihr aufgebracht in das stark geschminkte Gesicht. »Ich hab das Geld für solche Spinnereien nicht – und selbst wenn ich es hätte, dann würde ich es nicht für so einen Dreck da ausgeben! Verstanden?«

»Sag mal, spinnst du jetzt, oder was?!« Julienne war einen Schritt von ihrem aufgebrachten Freund zurückgewichen und stemmte die Arme in die Hüften. »Du bist wohl ganz und gar durchgeknallt, was? Von wegen kein Geld und so! Du warst es doch bisher, du hast die Dollars doch bisher mit vollen Händen hinausgeschaufelt! Was ist denn um alles in der Welt plötzlich in dich gefahren?! Was machst denn du da auf einmal in Erbsenzählerei?«

»Erbsenzählerei! Ich fass es nicht! Da haut man 1000 Euro raus, für so einen Mist und dann wird mir vorgeworfen, ich sei ein Erbsenzähler! Unglaublich!« Der junge Mann im Trainingsanzug fuhr sich hektisch mit der Hand durch die Haare. »Noch einmal, das ist Irrsinn, diese Vase hier! Ich will das nicht – und ich will auch nicht, dass du sinnlos mit meinem Geld um dich wirfst!«

»Dein Geld! Ach nein! Plötzlich ist es dein Geld!«

»Ist es auch! Oder etwa nicht? Wer hält denn jedes Wochenende seine Knochen hin, damit du die Kohle dann mit beiden Händen ausgeben kannst? Ich doch wohl!«

»Ach! So einfach ist das also!« Die kaffeebraune Schönheit öffnete die roten Lippen für ein spöttisches Lächeln. »Der Herr Fußballspieler macht einen auf wehleidig! Vor zwei Wochen hast du doch noch zu mir gesagt, Geld spielt für dich überhaupt keine Rolle und ich könnte über dein Konto verfügen, wie ich wollte! Oder habe ich mich damals etwa verhört?« Herausfordernd musterte sie ihr Gegenüber.

Andrea setzte zu einer heftigen Erwiderung an, zog es dann aber vor, die Worte nicht auszusprechen. Ärgerlich zuckte er mit der Schulter.

»Ja was denn nun? War es so oder war es nicht so?« Julienne trat einen Schritt näher an ihren Freund heran und streckte die üppige Brust nach vorne, so dass sie ihn leicht berührte. »Hat mein Schnuckiputz nun gesagt, dass ich alles von ihm bekomme, was ich will, oder hat er das nicht gesagt? Dass ich mir kaufen kann, was ich kaufen möchte, dass er sich freut, wenn es mir gut geht, und dass er es toll findet, mit welchem Geschmack ich ihm seine Wohnung einrichte?« Wieder musterte sie den mit gesenktem Kopf regungslos vor ihr stehenden Lebensgefährten mit spöttischem Grinsen.

Für einige Augenblicke herrschte Schweigen, dann hob Andrea langsam den Blick und begann mit rauer, belegter Stimme zu sprechen. »Schon gut, Julienne. Du hast ja Recht! Nur ...«, er rang die Hände und schien krampfhaft nach den richtigen Worten zu suchen. »Es ist nur so: Ich hab das Geld nimmer! Wenigstens! Wenigstens im Augenblick nicht mehr! Versteh mich doch bitte!« Die Augen des jungen Fußballspielers glitzerten wässrig und verlegen.

»Wie? Du hast das Geld nicht mehr? Was soll das denn nun wieder heißen?« Wieder legte Julienne die Stirn in dunkle Falten. »Neulich hast du mir doch noch vorgeschwärmt, was sie dir für einen Supervertrag angeboten haben und was du demnächst verdienen wirst! Und da kommst du jetzt daher und behauptest, du hättest keine Kohle mehr! Dass ich nicht lache!«

Ein bitterer Zug spielte um Andreas Mund, als er einen Erklärungsversuch startete. »Es ist aber so! Du weißt ja selber, dass es bei mir im Augenblick nicht so richtig rund läuft auf dem Platz ...« Er stockte kurz und schien zu überlegen, wie er sich am besten ausdrücken sollte. »Es ist so, die haben mich nach dem letzten Spiel, wo ich zugegebenermaßen ausgerastet bin, gewaltig in die Mangel genommen und sogar für diese Woche vom A-Training suspendiert. Außerdem muss ich in die Vereinskasse 10.000 Euro Strafe zahlen, für den Stinkefinger.« Wieder unterbrach er sich und blinzelte seine Freundin unsicher an, die ihn mit kritischer Miene musterte.

»Na und? Die 10.000 Euro, die zahlst du doch mit links! Wo ist das Problem?«, warf sie beiläufig ein und schnippte einen imaginären Fussel von ihrem knappen Lederminirock.

Andrea lachte bitter auf. »Mit links? Von wegen! Die wollen mit mir jetzt auch im Moment überhaupt nicht weiter verhandeln, die ganzen Gespräche haben sie alle eingefroren. Und auch mit einem weiteren Vorschuss auf den Vertrag, also so wie vor einem Monat, als sie ja unbedingt zeigen wollten, wie wichtig es ihnen ist, dass ich beim VfB unterschreibe, ist jetzt erst einmal Essig! Aus, Schluss, finito!« Der junge Fußballspieler breitete mit einer hilflosen Geste die Arme aus. »Nichts geht mehr! So ist das! Im Moment kriege ich grade mal mein Honorar nach dem Juniorenvertrag, und das langt hinten und vorne nicht! Denk doch bloß mal an die Miete für die Wohnung hier! Die kostet ja schon mehr, als ich mit meinem alten Vertrag verdiene!«

Die Jetset-Freundin fragte irritiert: »Woher weißt du das?«

»Es steht in meinem Mietvertrag! Das weiß ich ganz genau, da brauche ich nicht mal nachzuschauen, denn den habe ich ja erst vor zwei Monaten abgeschlossen!«

»Quatsch! Das meine ich doch nicht! Woher du weißt, dass sie nicht mehr mit dir verhandeln wollen!«

»Weil mir das der Francesco heute Morgen gesagt hat! Er ist gerade aus der Geschäftsstelle gekommen, wo er ja eigentlich die Termine wegen der nächsten Gespräche hat abstimmen wollen. Aber die wollten nicht! Zumindest in der nächsten Zeit nicht, haben sie ihm gesagt!«

»Der Adoni! Ich sag ja schon die ganze Zeit, dass der nichts taugt! Du brauchst einen richtigen Berater, und nicht so ein Weichei wie diesen Adoni! Schmeiß ihn raus und such dir einen anderen!«

»Den Francesco rausschmeißen? Auf gar keinen Fall! Der hat mich doch erst zum VfB gebracht, dem verdanke ich alles! Nein, das tu ich nicht!« Andrea schüttelte heftig und voller Entschlossenheit den Kopf.

»Dann tu ich es eben! Spielerberater gibt es schließlich wie Sand am Meer! Ich weiß da schon einen! Schließlich unterhalten wir Spielerfrauen uns ja auch immer wieder über solche Dinge. Die anderen wundern sich übrigens schon die ganze Zeit über, wieso du ausgerechnet an diesem Adoni festhältst!«

»Jetzt fang du bloß auch noch an ...«

»Wie? Auch noch an?!«, unterbrach Julienne die Verteidigungsrede ihres Freundes erstaunt. »Gibt's also auch noch andere, die das ganz genau so sehen? Na bitte! Dann hör eben einmal auf mich!«

»Hör bloß auf damit!« Erregt wandte sich Andrea ab.

»Aber wieso denn? Wenn es die anderen auch sagen?«

»Die anderen können mich alle mal ...«

»Aber Andrea!«

»Julienne! Bitte!« Er trat einen energischen Schritt auf seine Freundin zu und packte sie aufgebracht an beiden Schultern. »Hör auf damit! Ende der Diskussion! Ich will das nicht mehr hören! Verstanden?«

»Aua! Du tust mir weh!« Ärgerlich wand sich die Frau aus Andreas Griff. »Deshalb brauchst du ja nicht gleich auszurasten, oder?«

»Entschuldigung! War nicht so gemeint!«, murmelte Andrea verlegen.

»War nicht so gemeint, war nicht so gemeint!«, äffte sie den Satz böse nach. »Solltest du dir manchmal eben vorher überlegen, was du tust! Wie das mit dem Stinkefinger! Und dann hinterher immer zu kommen und sich mit dem Hinweis auf das italienische Temperament zu entschuldigen! Also wirklich! Und wovon sollen wir jetzt leben? Kannst du mir das einmal sagen, wo du ja sowieso alles besser weißt?«

Eine beklemmende Pause entstand. Keiner von beiden sagte ein Wort. Es war schließlich Andrea, der sich erst räusperte, bevor er dann zögernd zu sprechen begann. »Tut mir leid wegen grade! Ehrlich! Aber ich denke, ich sollte die Wohnung hier wieder aufgeben – und auch den Leasingvertrag für den Ferrari wieder rückgängig machen. Wenn ich den neuen Vertrag habe, dann können wir ja wieder mehr investieren, oder?« Er trat näher an Julienne heran und versuchte, den Arm um ihre Schulter zu legen. »Das schaffen wir schon, gell?«

Wiederborstig schüttelte sie Andreas Arm von sich. »Meinst du! So einfach ist das also! Da hat der Herr plötzlich keine rechte Lust mehr zum Fußballspielen und schon wird alles an Plänen über den Haufen geworfen, was man vorher noch großartig angekündigt hat! So geht es aber nicht, das kann ich dir sagen! Mit mir nicht, mein Freund!« Erregt ballte Julienne die Faust und hielt sie unter die Nase ihres Freundes. »Wie hast du dir das gedacht? Sag schon, wahrscheinlich soll ich jetzt putzen gehen, oder was?«

»Blödsinn!« Andrea schoss die Zornesröte ins Gesicht. »Wie kommst du denn darauf? Ich meine doch nur, dass wir eine Zeit lang ein bisschen kürzer treten müssen! Mehr hab ich doch gar nicht gesagt! Versteh doch! Das wird schon wieder mit meiner Form – und mit dem Vertrag!«

»Das wird schon wieder, das wird schon wieder!« Ungeduldig stöckelte Julienne im Wohnzimmer auf und ab. »Und was geschieht bis da hin? Statt Ferrari halt Fiat fahren, oder was?«

»Warum denn nicht?«, breitete Andrea die Arme aus. »Ist doch auch nicht so schlimm, oder? Ich bin jetzt noch nicht einmal 20 Jahre alt, ich bitte dich! Das wird schon noch alles, du wirst schon sehen. Vielleicht ist alles auch viel zu glatt und viel zu schnell gegangen in den letzten Monaten. Vielleicht tut mir so ein kleiner

Dämpfer sogar gut! Das schaffen wir schon, Julienne! Mach dir mal keine Sorgen!«

Wieder legte Andrea die Hand auf ihre Schulter und wieder streifte Julienne sie ärgerlich ab. »Ich soll mir keine Sorgen machen! Du gibst deine Wohnung auf, dein Auto und überhaupt, spielst wie ein Anfänger – und ich? Was ist mit mir? Die anderen auf der Tribüne, die schauen mich schon seit dem letzten Mal nur noch mitleidig an und tuscheln hinter meinem Rücken über mich! Und wenn du jetzt noch im Fiat daherkommst – und ich mir nicht einmal mehr etwas leisten darf, wie soll ich das aushalten, kannst du mir das einmal verklickern, ja?« Sie stampfte wütend mit dem Fuß auf dem Boden auf. »So will ich nicht leben, auf keinen Fall, auf gar keinen!«

»Aber Julienne, ich bitte dich! Das ist doch nur vorübergehend! Ich sag es dir doch, das wird schon wieder!«

»Aber wann und wie? Und auf mich hören, das willst du ja auch nicht! An diesem Spielerberater, an diesem Adoni, hältst du fest, die Wohnung gibst du auf, den Ferrari gibst du zurück, mir machst du Vorwürfe wegen der Vase da! Nein, da mache ich nicht mit!« Ihre Stimme steigerte sich immer mehr in ein hysterisches Kreischen.

»Julienne! Ich bitte dich! Hör auf!«

»Hör auf! Hör auf! Mehr hast du ja wohl nicht zu sagen! Immer nur, mach das nicht, mach jenes nicht! Hätte ich doch damals nur auf die anderen gehört«, schluchzte sie mit tränennassen Augen.

Andrea spitzte überrascht die Ohren. »Wie? Damals auf die anderen gehört?«

»Die Sylvia, die hat mir gleich gesagt, dass sie an meiner Stelle den Sven nehmen würde und nicht dich.« Wieder schniefte sie, versunken in tiefes Selbstmitleid, hingebungsvoll auf.

»Die Sylvia! Den Sven! Ich glaube, ich hab nicht richtig gehört!« Wütend funkelte Andrea seine Freundin an. »Was willst du damit sagen?«

»Dass die Sylvia wohl doch Recht gehabt hat! Der Sven, der hätte mich nie so behandelt.«

»Der Sven! Diese Nulpe!« Er legte die Hände auf Juliennes Schultern und schüttelte sie grob. »Das ist alles, was du mir zu sagen hast! Dass du lieber mit diesem Warmduscher hättest gehen sollen als mit mir? Mit diesem Weichei, das sogar das eigene Tor verwechselt! Porca miseria! Das ist ja eine schöne Beziehung!«

»Der ist auf jeden Fall nicht aus der Mannschaft geflogen, so wie du!«, fauchte sie böse zurück.

»Weil er sich beim Trainer eingeschleimt hat, darum! Eine schöne Alternative! Den mit mir zu vergleichen! Stronzo!«

»Du tust mir weh!«

»Entschuldigung! Rutsch mir doch den Buckel runter!« Andrea ließ die Hände sinken und wandte sich ab. Mit hochrotem Gesicht starrte er wütend auf den Wohnzimmertisch.

»Das werde ich auch!«, stampfte Julienne zornig mit dem Fuß auf dem Boden auf. »Ich hab genug, ich gehe!«

»Dann hau doch ab!«

»Worauf du dich verlassen kannst!« Sie nahm den eleganten Ledermantel vom Sofa und warf ihn energisch über den Unteram! »Mich siehst du hier nie wieder!«

»Grade recht! Dann hab ich wenigstens meine Ruhe!«

»Idiot!«

»Blöde Kuh!« Er bückte sich und hob die Designervase in die Höhe. »Und diesen Mist hier, den kannst du gleich mitnehmen!« Sprach's und warf die Vase in Juliennes Richtung auf den gefliesten Fußboden, wo sie in tausend Teile zersprang.

»Bist du wahnsinnig!« Fassungslos starrte sie auf die zersplitterte Keramik vor ihren Füßen. »Das kannst du doch nicht machen!«

»Kann ich doch wie du siehst!« Andrea lachte hämisch. »Ist ja von meinem Geld gekauft worden! Dann kann ich es auch mit meinen eigenen Händen kaputt machen!«

»Du bist ja vollkommen durchgeknallt!« Julienne riss die Wohnungstür auf und eilte hinaus.

Eine Zeit lang verharrte Andrea regungslos auf der Stelle und stierte durch die offen stehende Tür ins Treppenhaus. »Tja, das wär's dann wohl gewesen«, murmelte er schließlich bitter. Dann schlug er die Hände vors Gesicht und begann hemmungslos zu weinen.

26

Das Telefon ließ nun schon das dritte Klingelzeichen vernehmen, doch noch immer bewegte sich keiner im Haus um das Gespräch anzunehmen.

Horst Meyer raschelte ärgerlich mit der Zeitung, holte tief Luft, bevor er sich zu Wort meldete. »Ist denn niemand bei uns in der Wohnung, der ans Telefon gehen kann?«

»Doch, du!«, schallte es fröhlich aus der Küche zurück.

»Und wieso schon wieder ich? Kann man denn nicht wenigstens einmal in der Woche in aller Ruhe seine Zeitung lesen?«, gab er, unterbrochen von neuerlichen nervigen Klingeltönen, zurück.

»Weil wir hier alle beschäftigt sind«, ließ sich Claudia nicht aus der Ruhe bringen.

»Nina und Fabian helfen mir beim Kuchenbacken! Wenn sie jetzt mit diesen Teigfingern ans Telefon gehen, dann ist dir das auch wieder nicht recht, oder?«, erwiderte Horsts Angetraute spöttisch – so jedenfalls erschien es dem in seiner Samstagmittagslektüre empfindlich gestörten Kommissar in diesem Moment.

»Ist ja schon gut! Könnte man einem aber auch immer gleich sagen!« Ächzend legte er die aufgeschlagene Tageszeitung auf den Boden und erhob sich. »Wetten, dass der längst aufgelegt hat, bis ich am Hörer bin?«

Doch noch immer klingelte es fröhlich weiter – just bis zu jenem Augenblick, in dem Horst Meyer endlich das Mobilteil aufnahm und die grüne Taste drückte. »Da bitte, was habe ich gesagt! Aufgelegt!« Mit einem verstimmten Knurren legte er das Telefon auf die Basisstation zurück und schlurfte müde zum Sofa. Kaum hatte er sich wieder gesetzt, da begann das Telefon von neuem zu klingeln. »Ja lüg ich denn!«, erhob sich der Kommissar mit ärgerlichem Brummen. »Was ist das denn für ein Vollidiot?«

»Meyer!« bellte er kurz danach in den Hörer, um dann aber doch noch, erschrocken vom barschen Klang seiner eigenen Stimme, ein freundlicheres »Guten Tag, was kann ich für Sie tun?« nachzuschieben.

»Salvatore!« meldete sich der Teilnehmer mit seinem Namen. »Lucca Salvatore ist am Telefon.«

»Na, sonst noch was! Auf den Arm nehmen kann ich mich selber!« Stirnrunzelnd überlegte Horst, wer ihm denn – und weshalb um alles in der Welt – diesen Streich spielte. Als wenn ausgerechnet Lucca Salvatore, der italienische Fußballspieler von Juventus Turin, bei ihm, Horst Meyer, im Reihenhaus in Heilbronn-Sontheim anrufen würde. Das hatte der doch noch nie getan! Und so gut wie seinen Bruder Andrea kannte er den älteren der beiden auch längst nicht!

»Nein, nein, Herr Meyer! Entschuldigung, aber hier ist wirklich Salvatore! Der Lucca Salvatore aus Lauffen!« Die Stimme klang bemüht, die Zweifel zu zerstreuen, zudem jugendlich und auch irgendwie mit einem Anflug von italienischem Dialekt. Also doch?

»Herr Meyer! Mein Vater hat mich gebeten, Sie anzurufen und zu fragen, ob Sie an diesem Samstag Zeit hätten ...«

»Zeit? Wofür?« Obwohl sich Horst das Staunen eigentlich schon berufsbedingt so gut wie abgewöhnt hatte, wunderte er sich nun doch. Merkwürdig, da rief ein italienischer Fußballspieler bei ihm an und fragte ihn, ob er am Samstag Zeit habe! Einfach so!

»Für das VfB-Spiel am Samstag! Stuttgart gegen Bayern!«

»Ach so! Tja, Zeit hätte ich in diesem Fall schon, aber Karten hab ich keine – und da wird's auch keine mehr geben«, lachte Horst. »Das ist ja schon seit Wochen ausverkauft!«

»Das schon«, räumte die Stimme am anderen Ende der Leitung ein. »Aber wir haben noch ein ganzes Kontingent übrig. Sogar für den VIP-Bereich! Und dazu wollte Sie mein Vater nun ganz herzlich einladen!«

Horst staunte nicht schlecht. »Für eine Business Lounge! Donnerlittchen! Da bin ich ja noch nie gewesen! Das kostet doch ein halbes Vermögen!«

»Ganz so schlimm ist es nicht. Die baden-württembergischen Spediteure haben sich da eine Einheit für die Dauer von einer Spielzeit gemietet, und da kann man sich im Rundum-Verfahren als Einzelmitglied sozusagen für ein oder zwei Spiele einklinken – gegen cash natürlich! Aber das kann man ja hinterher wieder als Bewirtungsaufwendungen für Geschäftskontakte von der Steuer absetzen!«

»Von der Steuer absetzen! Mein lieber Schwan! Kein Wunder hat der Staat kein Geld mehr und holt dann von den braven kleinen Steuerzahlern, was zu holen ist!« In Horst stieg für einen Moment der Ärger hoch. Wieder mal typisch deutsches Steuerwesen: Die Großen konnten alles und jedes als Sonderausgabe in Abzug bringen und dabei selbst noch fröhlich einen draufmachen, während Otto Normalverdiener jede Einnahme auf Cent und Euro genau zu versteuern hatte und oft genug noch nicht einmal das Arbeitszimmer angerechnet bekam. Unglaublich! Wieder einmal so ein kurzer und frustrierender Augenblick, in dem Horst am liebsten von jetzt auf nachher den ganzen Bettel hingeworfen hätte und ausgewandert wäre. Nach Italien beispielsweise. Obwohl, da baute gerade der Berlusconi sein merkwürdiges Regiment mit immer autokratischer werdenden Tendenzen aus. Österreich dann vielleicht? Über die Politik in der Alpenrepublik wusste man wenigstens schon von vornherein, dass kräftig geschoben und gemauschelt wurde, das war bei denen fast schon so eine Art Sportabzeichen, andererseits, der Haider ...

»Herr Meyer! Sind Sie noch dran?«, wurden die auswanderungstaktischen Gedankengänge des Kriminalkommissars fürs Erste unterbrochen.

»Ja, natürlich! Entschuldigung, Lucca!« Horst streckte den Rücken durch und wischte die düsteren Gedanken beiseite. Ändern konnte er ja trotz allen Ärgers nicht das Geringste an den immer unglaublicher werdenden Zuständen im Deutschland des 3. Jahrtausends. Weshalb sich also ein Magengeschwür einhandeln. »Am Samstag also gegen Bayern! Ja doch, da komme ich gerne!«

»Na, wunderbar! Und Sie dürfen auch noch ihre Familie mitbringen, nur dass das klar ist. Wir haben also vier Karten für Sie reserviert. Übrigens, der Andreas Trenk wird auch da sein, der hat mir gerade vorhin zugesagt!«

»Ist ja toll! Dann können wir gemeinsam mit dem Andreas an die S-Bahn nach Bietigheim fahren! Sehr schön! Vielen Dank auch Lucca! Aber sag mal, wie komme ich denn eigentlich zu der Ehre?«

»Mein Vater hat gemeint, er sei neulich etwas knapp zu Ihnen gewesen und dabei hätten Sie doch nur Ihre Hilfe angeboten, weil Sie genauso wie der Herr Trenk befürchtet haben, dass da etwas nicht ganz rund läuft bei uns. Und dafür möchte sich mein Vater mit dieser Einladung bedanken und entschuldigen. Außerdem bin ich noch immer freigestellt vom Training, es geht noch nicht so richtig mit der Verletzung. Das zieht sich furchtbar in die Länge. Deshalb fahre ich auch morgen schon nach Stuttgart, um mich dort in der Sportklinik noch mal genau durchchecken zu lassen. Und danach werden wir hoffentlich wissen, wie man das behandeln kann, damit ich bald wieder fit bin. Auf jeden Fall langt's mir übermorgen zum Spiel und am Sonntag fahre ich dann wieder zurück nach Turin.«

»Ja, das ist gut«, nickte Horst. »Aber sag mal, was genau fehlt dir eigentlich?«

»Ach, das ist eine blöde Verletzung, die hab ich mir eigentlich schon vor drei Monaten zugezogen. Beim Spiel gegen den AC Florenz bin ich ziemlich übel gefoult worden, und seitdem tut das Knie weh. Immer wieder. Unser Vereinsarzt hat es zwar ganz sorgfältig behandelt, aber trotzdem, irgendwie kommt der Schmerz immer wieder. Es scheint sogar schlimmer zu werden. Hoffentlich ist das nicht so ein Knorpelschaden wie bei dem Yves Eigenrauch aus Schalke. Der hat ja vor kurzem das Fußballspielen ganz aufgeben müssen, habe ich gelesen.«

»Nun mal den Teufel nicht gleich an die Wand«, versuchte Horst die schlimmen Visionen zu vertreiben, die sich im Kopf des jungen Fußballspielers breit zu machen drohten. »Das ist irgendwas mit dem Meniskus, das kennt doch jeder, der früher mal selber gekickt hat. So was braucht halt seine Zeit – basta! Ich frage mich sowieso immer, wie das gehen kann, wenn einer am Knie operiert worden ist und drei Wochen später schon wieder auf dem Platz steht! Gesund kann so was ja wohl nicht sein! Auf gar keinen Fall!«

»Gesund sicher nicht. Aber Sie wissen doch, wie das ist: Wenn du als junger Spieler ein paar Wochen aussetzen musst mit dem Training, dann stehen hinter dir schon die anderen Schlange und warten schon, bis sie an die Reihe kommen. In diesem Fall beißt man halt die Zähne zusammen und lässt den Onkel Doktor noch eine Spritze mehr verabreichen. Da geht's dann schon wieder – zumindest für 90 Minuten!«

»Und mit 35 oder 40 ist man dann Vollinvalide!«

»So ähnlich. Aber gut, Sie sind also dabei am Samstag. Prima, da wird sich mein Vater sicherlich freuen! Schöne Grüße übrigens. Er hätte ja gerne selber angerufen, aber er ist noch unterwegs mit dem LKW. Er müsste morgen Nachmittag aus Bologna zurückkommen.«

»Alle Achtung, was ihr aber auch immer über die Alpen donnert! Ich glaube fast, ihr hättet in der Autobahnraststätte in Chiasso eine größere Chance, euch zu treffen, als daheim!«

»Schon möglich«, gab Lucca kichernd zurück. »Also dann, bis Samstag im Stadion. Die Karten lasse ich Ihnen übrigens am VIP-Schalter am Haupteingang hinterlegen. In Ordnung so?«

»Natürlich! In Ordnung! Und vielen Dank auch!« Horst legte den Hörer auf und klatschte fröhlich in die Hände. Na also, der Samstag war gerettet. »Fabian! Wo steckst du denn? Ich habe eine super Nachricht für dich!«

27

»Das ist ja der absolute Wahnsinn hier!« Fabian Meyer kam aus dem Staunen gar nicht mehr heraus, seit er den Business-Seat-Bereich des Gottlieb-Daimler-Stadions betreten hatte. »Und eine Sicht hat man von hier oben! Wow!« Freudestrahlend griff er sich ein Glas mit Cola, das ihm von der freundlich lächelnden Bedienung auf einem Tablett offeriert wurde. »Danke! Mensch, wenn die Nina wüsste, was sie da verpasst!«

Claudia und Horst Meyer schauten sich grinsend in die Augen. Es war aber auch zu schön, die Freude des Juniors zu beobachten, der sich hier oben sozusagen im Schlaraffenland der Fußballgötter zu wähnen schien.

»Na, ich weiß nicht! Ich glaube, die Nina ist trotzdem lieber bei der Steffi auf dem Reiterhof. Sie kann halt nun einmal überhaupt nichts mit Fußball anfangen. Ich ja normalerweise auch nicht«, bekannte Claudia, die sich selbst erst nach längerem Insistieren von Seiten ihres Ehemanns zum Besuch des Bundesligaspiels bereit gefunden hatte. »Aber du hast Recht, Fabian, ich muss schon sagen, das ist ein Erlebnis heute! Sogar für mich! Ich muss nur aufpassen, dass ich einigermaßen auf dem Boden bleibe, bei diesem ganzen Angebot hier! Vielen Dank!« Sie nahm eines der frisch gefüllten Sektgläser vom Tisch und schnupperte vorsichtig. »Donnerwetter! Champagner! Jede Wette! Tja, Michael«, wandte sie sich mit Bedauern in der Stimme an den neben ihr stehenden Michael Protnik, der die Szenerie ähnlich wie Fabian mit offenem Mund bestaunte. »Schade, dass die Uschi heute Dienst hat. Also da verpasst sie wirklich etwas, das muss ich schon sagen!«

»Sehe ich auch so!«, nickte der Angesprochene langsam und bedeutungsvoll. »Das ist ja der absolute Wahnsinn hier!«

»Darf ich Ihnen etwas anbieten?«, wurde er in diesem Moment von einer freundlichen Stimme unterbrochen.

»Mir? Aber gerne!« Mit unverhohlenem Wohlgefallen musterte der Ulmer Kriminalkommissar die körperlichen Vorzüge der durchaus sehenswerten Bedienung, die freundlich lächelnd auf die Bestellung wartete.

»Was haben Sie denn so?«, erkundigte sich Protnik vorsorglich.

»Alles was Sie wollen!«, strahlte das Model mit der Sonne um die Wette.

»Alles was Sie wollen!« Der Sputnik glotzte einen Moment lang gerade so, als habe man ihm schonungslos und ohne Vorwarnung die Kunde von einem achten Weltwunder überbracht. »Alles, was ich will, also!« Er tippte sich mit dem Zeigefinger an die Nase und überlegte kurz. Horst war gespannt, was da gleich kommen würde, denn Protnik wäre nicht Protnik, wenn er diese Karte nicht auf der Stelle ausreizen würde. »Ja, dann ...«, er schien unschlüssig, während Horst bereits jede Wette abgeschlossen hätte, dass das bereits zum Spiel gehörte, und zwar ganz genau so.

»Ja, also – hätten Sie vielleicht einen Wodka für mich? Einen russischen Wodka allerdings«, setzte er mit Kennermiene und siegessicherem Grinsen hinterher.

»Einen original russischen Wodka, sehr gerne!«, lächelte die Bedienung glückselig.

Eins zu null also – doch Horst war sich sicher, da musste noch etwas kommen: und es kam!

»Oder nein, vielen Dank! Entschuldigung!«, wieder tippte sich der Ausbund von Verschlagenheit und Raffinesse an die Nase, um vermeintlich von neuem zu überlegen. »Ich habe es mir doch anders überlegt. Mir ist irgendwie nicht so ganz wohl heute ...« Der Kerl sah in Wahrheit aus wie das blühende Leben! »Hätten Sie mir wohl einen Bitter ... irgendwas für den Magen ... Am besten einen Cynar, der tut mir dann immer besonders gut!« Mit triumphierender Miene verschränkte er die Arme vor dem Oberkörper und schenkte den Meyers einen siegesgewissen Blick.

»Ein Cynar, aber gerne der Herr!« Dem Lächeln nach zu urteilen musste es sich um den Gipfel der Glückseligkeit handeln, den das Fräulein dank dieser Bestellung nunmehr erklommen hatte. Noch ehe der sichtlich angezählte Sputnik zu einem weiteren Winkelzug ansetzen konnte, war die Bestellung auch schon abgewickelt. »Bitte schön, der Herr! Ein Cynar! Wohl bekomm's!« Mit professionellem Schwung bekam er das passende Glas samt einer braunschimmernden Flüssigkeit dargeboten. »Und womit kann ich Ihnen dienen«, wandte sich die junge Frau an Andreas Trenk, der das Geschehen genauso wie die Meyers amüsiert verfolgt hatte.

»Sapperlot, ist das ein steiler Zahn!«, flüsterte Protnik mit Bewunderung in der Stimme zu Horst hinüber. »Und fit wie ein Turnschuh, Donnerwetter!«

»Allerdings«, nickte der zustimmend, während er einen forschenden Blick hinaus in den Flur vor der Loge warf. »Aber wo die Salvatores nur bleiben? Das sollten doch eigentlich die Ersten sein – wenn Sie uns schon eingeladen haben!«

»Tja, schon komisch!« Andreas Trenk schaute auf seine Armbanduhr. »Sonst ist der Guiseppe doch immer ganz pünktlich. Und in einer Viertelstunde geht's schon los ...«

»Falls Sie eine Kleinigkeit zu essen wünschen?«, ließ sich da die zuckersüße Stimme wieder vernehmen. »Wir hätten da zum Beispiel Kanapees mit Lachs, norwegischer Wildlachs, zart mariniert mit einem Dill-Sahne Dip? Außerdem Eismeerkrabben mit Kräutermarinade, ein italienisches Rindercarpaccio, original Bündner Fleisch, natürlich luftgetrocknet, ungarische Edelsalami ...«

»Das ist ja unglaublich!«, kam Protnik aus dem Staunen nicht mehr heraus. »Nehme ich gerne!«

»Dürfte ich Ihnen also einen Teller zusammenstellen?«

»Aber gerne!« Man konnte es an Protniks Gesichtsausdruck ablesen, wie ihm vor lauter Vorfreude bereits das Wasser im Mund zusammenlief. »So etwas gibt's in Ulm nicht, das muss man den Stuttgartern schon lassen!«

»Wieso in Ulm, Onkel Michael?« Fabian war schleierhaft, was damit gemeint sein sollte.

»Na beim SSV! Da hab ich mir ja auch schon mal ein, zwei Spiele angeguckt!«

»Aber das ist doch bloß Verbandsliga!«

»Abwarten! Und immerhin waren wir ja schon mal Bundesliga!«

»Und dann, der freie Fall! Das hat es noch kein zweites Mal gegeben in der Bundesligageschichte!«, meldete sich Andreas Trenk zu Wort. »Da sind sie wirklich echt Spitze, die Ulmer!«

»Hochmut kommt vor dem Fall, mein Lieber! Aber doch, das Essen ist wirklich nicht zu verachten, Donnerlittchen!« Protnik stopfte sich inzwischen mit Genuss eine kleine Leckerei nach der anderen hinter die Kiemen. »Wenn jetzt die Stuttgarter auch noch dieselbe Qualität auf dem grünen Rasen zeigen würden ...«

»Da kommt der Andrea!«, wurde er von Fabian unterbrochen, der mit dem ausgestreckten Arm auf den Flur deutete.

»Der Andrea? Wieso der denn?«, mampfte Protnik irritiert. »Der muss doch unten sitzen bei seinen Mitspielern!«

»Von wegen! Sei bloß ruhig, ich sag's dir!« zischte Horst ihm warnend zu. »Den haben sie doch vom A-Training suspendiert, der muss jetzt mit der Amateurmannschaft trainieren. Deshalb kann er auch nicht unten auf der Bank sitzen, als Ersatzspieler ist er damit ja auch gestrichen worden!«

»Ach so! Entschuldigung!« Protnik senkte den Kopf und widmete sein ganzes Interesse nunmehr wieder den kleinen Köstlichkeiten auf dem Teller, die mit beeindruckender Geschwindigkeit in seinem Mund verschwanden.

»Hallo, Andrea! Schön dich zu sehen!« Horst streckte die Hand aus und winkte den jungen Fußballspieler, der eine finstere Miene aufgesetzt hatte, in die Loge herein.

»Tag!«, nickte der seinem ehemaligen Trainer wortkarg zu.

»Na, Andrea«, klopfte ihm Andreas Trenk mitfühlend auf die Schulter. »Hast wohl keine so gute Zeit hinter dir? Und der Gang hierher war wahrscheinlich auch kein Zuckerschlecken, oder?«

»Sie sagen es! Diese ganzen Idioten, die dir noch vor ein paar Wochen zugejubelt haben! Unglaublich! Einer hat mich sogar angespuckt! Und vorne am Eingang beim Businessbereich, da hat mich der Affe an der Tür doch tatsächlich nach meinem Ausweis gefragt! Dabei bin ich mir hundertprozentig sicher, dass der mich gekannt hat! Schikane! Alles nur noch Schikane!«

»Das wird schon wieder! Vielleicht ist das sogar eine ganz wertvolle Erfahrung, was du gerade durchmachst ...«

»Wertvoll?!«, brauste der Spieler auf. »Also auf so eine Erfahrung kann ich gerne verzichten!«

»Versteh ich ja vollkommen! Aber dennoch, wenn du wieder in Form kommst – und du wirst wieder in Form kommen, da bin ich mir ganz sicher, so gut kenne ich dich schließlich, dann hast du aus dieser schlimmen Zeit auch eine wertvolle Erkenntnis mitgenommen. Nämlich die, wie wetterwendisch das Glück sein kann und wie schnell aus einem Liebling der Götter und der Massen der absolute Buhmann werden kann. Das könnte eine wirklich wichtige Erfahrung sein, die dich später davor bewahren wird abzuheben, wenn du wieder ganz oben stehst!«

»Ganz oben!«, schnaubte Andrea mürrisch. »Fragt sich bloß wie! Dazu müsste ich erst mal den Kopf wieder freikriegen – und eine Chance bekommen. Aber danach sieht es im Moment ja nicht grade aus. Bei denen zählt nur Leistung, Leistung, Leistung! Und wenn du mal eine Krise hast, dann ab mit dir in die Versenkung! Die wollen mich doch gar nicht mehr spielen lassen!«

»Jetzt mal ganz langsam!«, versuchte Andreas, seinen aufgebrachten ehemaligen Schützling zu beschwichtigen. »So wie ich die Leute hier kenne, lassen die dich so schnell nicht fallen. Und andererseits solltest du dich schon auch ein Stück weit an die eigene Nase fassen: Du hast deinen Teil zu der Situation beigetragen, oder?«

»Na ja ... schon, aber trotzdem! Zwei schlechte Spiele, und schon machen sie Hackfleisch aus einem! Das kann's doch wohl nicht sein, oder?!«

»Natürlich nicht, aber wie gesagt, jetzt warte doch erst mal ...«

Durch ein »Buon giorno!« wurde der Jugendtrainer mitten im Satz unterbrochen. Lucca, Emilia und Guiseppe Salvatore betraten den Raum.

»Ja, um Himmels willen! Wie siehst du denn aus?« Horst staunte nicht schlecht, als er in das mit Pflastern bedeckte Gesicht von Guiseppe blickte, dessen linker Arm überdies noch dick verbunden in einer Schlinge ruhte. »Was ist denn mit dir passiert?«

Guiseppe winkte mit der Rechten müde ab. »Ich hab einen Unfall gehabt! Gestern Abend! Ich sag's euch, das hätte das Ende sein können!« Er setzte sich schwer atmend langsam auf einen der Stühle in der Lounge und betrachtete seinen verbundenen Arm mit schmerzlich zusammengekniffenen Lippen.

»Ein Unfall!« Andrea, den die Nachricht genauso unvorbereitet traf, wie die anderen, war leichenblass geworden und betrachtete seinen Vater mit fassungslosem Gesichtsausdruck. »Du! Ein Unfall! Dir ist doch bisher noch nie etwas passiert! Wie ist denn so etwas möglich?«

»Einmal erwischt es halt jeden!«, stieß der Verletzte leise hervor. »Das ist sozusagen das Gesetz der Wahrscheinlichkeit.«

Erregt klatschte Andrea in die Hände. »Die Wahrscheinlichkeit! Dass ich nicht lache ...« Er unterbrach sich, als er die erstaunten Blicke der Umstehenden bemerkte, und beeilte sich, dem Satz eine andere Wendung zu geben. »Und wo ist das passiert?«

»Das war gestern Abend, so runde 25 Kilometer vor Chur. Genau da geht es ja steil hinunter an der ›Via Mala‹. Da hatte ich dann plötzlich auf der einen Seite die tiefe Schlucht zur Auswahl und auf der anderen Seite die Felswand samt Gegenverkehr. Ich sage euch, lustig ist so ein Gefühl nicht! Weiß Gott nicht! Madonna!«

»Das kann ich mir vorstellen!«, nickte Horst. »Aber was war da denn jetzt genau?«

»Na ja«, der Spediteur starrte einige Sekunden lang ernst auf den Boden, um das Geschehen des vergangenen Abends noch einmal erst für sich zu rekapitulieren. »Also, ich habe wie immer Rast gemacht, als ich oben am St. Bernhard angekommen bin. Da gibt es so einen Rasthof, der hat sich auf LKWs spezialisiert, mit einem extra großen Parkplatz. Wie gesagt, da halte ich immer an. Und da war auch noch alles in Ordnung. Nach einer guten Stunde bin ich weiter gefahren. Aber irgendwie, kaum dass ich ein paar Kilometer gefahren bin, da war mir, als würde ich so ein merkwürdiges Geräusch hören, irgendwoher, von hinten ...« Er unterbrach sich und schien zu überlegen. »Ja, das kann eigentlich keine drei

Kilometer nach der Raststätte gewesen sein. Da geht es grade schon richtig steil hinunter ins Tal. Irgendwie hat das Geräusch merkwürdig geklungen ...«

»Und weshalb hast du dann nicht angehalten und nachgeschaut?«, mischte sich nun Lucca verwundert in das Gespräch.

»Anhalten! Du bist gut!« Sein Vater bedachte ihn mit einem vieldeutigen Blick. »Du kennst doch die Straße dort an der ›Via Mala‹! Da ist es steil und da ist es eng. Wo um alles in der Welt willst du denn da anhalten, wenn keine Ausweichbucht in der Nähe ist. Ich hatte mir ja vorgenommen, in die erste Bucht hineinzufahren und nachzuschauen, was das sein könnte, aber da war es schon zu spät!« Wieder hielt er inne und befühlte mit gequältem Gesichtsausdruck seinen verbundenen linken Arm.

»Plötzlich hat es hinter mir einen richtigen Knall gegeben – und dann ist der LKW auch schon ausgebrochen! Ich sag euch, jetzt weiß ich, was Angstschweiß ist! Der Wagen ist ins Schlingern geraten, dass es mich wie eine Spielzeugpuppe im Führerhaus hin und her geworfen hat, es war unmöglich: Ich habe keine Kontrolle mehr gehabt. Wie gesagt, ich konnte nur noch versuchen, irgendwie an der Felswand entlang zu schrammen und so zum Stehen zu kommen – in der Hoffnung, dass mir keiner bergauf entgegen kommt und noch in mich hineinkracht! Ob ich das schließlich geschafft habe oder ob es einfach nur gewaltiges Glück im Unglück gewesen ist – ich weiß es nicht. Auf jeden Fall ist der LKW halb gegen den Felsen gekippt und so zum Stehen gekommen! Gott sei Dank! Auf der anderen Seite, da wäre es nämlich runde hundert Meter hinunter gegangen, da würde ich heute nicht hier sitzen, mit ein paar Prellungen und Abschürfungen, da wäre ich platt, und zwar gewaltig!«

»Guiseppe!« Emilia, die bisher die Schilderung ihres Mannes mit ernster Miene verfolgt hatte, schniefte laut auf. »Guiseppe! Um Gottes willen! Sag so etwas nicht!«

»Aber so ist es!«, knurrte dieser bitter.

»Madonna! Wenn ich nur daran denke ...« Emilia fingerte ein Taschentuch aus ihrer Handtasche und wischte sich die Tränen ab, die in dicken Tropfen aus ihren Augen quollen. »Ein Wunder! Die Heilige Mutter Maria hat dich gerettet! Wir werden sofort, wenn wir in Elba sind, in unsere Kirche nach Capoliveri pilgern und unserer Santa Maria Assunta eine große Spende überbringen! Versprichst du mir das? Hoch und heilig?«

Guiseppe nickte müde. »Das verspreche ich dir, Emilia!«

Horst räusperte sich dezent. »Ja, aber noch einmal zu dem Unfall. Weißt du denn inzwischen, was passiert ist oder wie es überhaupt passieren konnte?«

»Ja und nein!« Guiseppe zuckte mit den Schultern. »Ehrlich gesagt ist mir das ein Rätsel ...«

»Aber die Schweizer Polizei, die wird doch eine Vermutung haben, oder?«

»Die Schweizer Polizei! Hör mir bloß auf mit denen! Die haben eine Vermutung, allerdings!« Wütend hieb der Unglücksfahrer seine unverletzte rechte Faust auf die Tischplatte. »Die haben es sich ganz einfach gemacht, das kann ich euch flüstern. Für die bin ich an allem schuld, und sonst gar nichts! Typisch Schweizer, die haben ja sowieso etwas gegen Italiener – und gegen LKW gleich zweimal. Also bin ich schuld und fertig!«

»Ja, aber wie denn? Was haben sie denn gesagt?«

»Dass die Reifen wahrscheinlich zu wenig Luft gehabt haben – und dass deshalb hinten links die beiden Zwillingsreifen geplatzt sind! Beide gleichzeitig! Ich bitte euch!« Vorwurfsvoll blickte der Spediteur in die Runde.

»Waren das die Reifen, die du neulich schon einmal inspiziert hast, als Andreas und ich bei dir waren?«, erkundigte sich Horst.

Guiseppe stutzte. »Was willst du denn damit sagen? Ja, es waren diese Reifen. Aber ich hab sie ja angeguckt und da war nichts: Zumindest nichts, was ich hätte feststellen können. Aber jetzt wie die Schweizer mir die ganze Schuld aufzuladen, weil ich zuwenig Luft in den Reifen gehabt haben soll, das ist schon ein starkes Stück! Und dass beide gleichzeitig geplatzt seien, also wirklich ...« Er ließ den Satz offen stehen, wo das eben Gehörte wie ein Menetekel im Raum umherschwang.

»Aber Papa! Was willst du damit sagen?«, unterbrach der noch blasser gewordene Andrea als Erster die unheilschwangere Stille. »Meinst du also, dass jemand nachgeholfen hat.«

»Ich weiß gar nichts!«, stieß der Verunglückte bitter hervor. »Ich weiß nur, dass zwei Reifen normalerweise nicht gleichzeitig platzen können!«

»Aber zur Zeit bauen die doch auf dieser Strecke«, warf Lucca in die Debatte. »Vielleicht bist du ganz einfach in irgend so ein Teil hineingefahren. Dann ist die Luft langsam aus den Reifen gewichen und so ist es schließlich passiert! Wäre doch möglich, oder?«

»Möglich!«, knurrte Guiseppe. »Ja, das wäre möglich. Aber nicht für die Schweizer. Die haben mir gleich eine Anzeige verpasst, wegen gefährlichen Eingriffs in den Straßenverkehr oder so ähnlich. Und jetzt wird's also auch noch einen Strafbefehl geben! Ich sag's euch, nächstes Mal fahr ich durch Österreich!«

»Papa, da schau!« Die helle Stimme von Fabian unterbrach die Diskussion um die Unfallursache. Mit ausgestrecktem Arm deutete er hinunter auf das Spielfeld, wo die Mannschaften in diesem Moment den Rasen betraten. »Es geht gleich los!«, strahlte er voller Vorfreude auf die kommenden 90 Minuten.

»Na, Gott sei Dank!« Guiseppe erhob sich mühsam und stelzte hinaus zu einem der roten Ledersitze. »Genug mit diesem Unfall! Ist eh nicht mehr zu ändern! Jetzt freue ich mich erst mal auf das Spiel heute!«

Die beiden Kommissare warfen sich abschätzende Blicke zu, dann nickte Horst dem Kollegen vieldeutig zu. »Erst mal das Spiel anschauen, dann können wir uns hinterher ja noch einmal unsere Gedanken machen«, sollte das heißen. Michael Protnik verstand und zwinkerte verstohlen zurück. Das Fußballvergnügen konnte beginnen!

»Sag mal, Andrea! Wo ist denn eigentlich die Julienne heute? Wollte die nicht mit uns in die Lounge?«

Ruckartig drehte sich Andrea Salvatore zu seinem Bruder um. »Welche Julienne?«

»Wie? Was soll das denn nun schon wieder heißen?«

»Was soll es schon heißen ...«

Offenbar hatte Lucca wirklich noch immer nicht verstanden, oder aber, er bohrte jetzt mit Genuss in einer frischen Wunde. »Ja – wo ist sie denn nun?«

»Lucca! Bitte!« Rasiermesserscharf durchschnitt die Stimme von Emilia den Raum. »Es reicht jetzt! Basta! Finito!«

Mit Unschuldsmiene hob Lucca die Hände. »Schon gut, schon gut! Wenn man nicht einmal mehr fragen darf ...«

Ehe er sich's versah, klatschte eine schwere Hand an seine Wange. »Basta, hab ich gesagt! Und so meine ich das auch, basta!« Trotz ihrer immensen Leibesfülle verfügte Emilia, wenn es sein musste, noch immer über eine beeindruckende Schnelligkeit. Was sie gerade eben nachdrücklich unter Beweis gestellt hatte.

28

»So ein Mist, das war's dann wohl! Das wird jetzt wieder nichts mit einem Sieg!« Horst legte die Hand auf die Schulter seines enttäuscht nach unten blickenden Sohnes, wo gerade elf weißgekleidete Spieler mit hängenden Köpfen auf den Rasen starrten, während elf schwarzgekleidete jubelnd und ausgelassen über das Spielfeld hüpften. Die Bayern hatten ihren zweiten Treffer erzielt – aktueller Spielstand also 0:2. »Tja, Andrea, schade, dass du nicht dabei bist!«, wandte er sich an den jungen Nachwuchsspieler, der die Szenerie kopfschüttelnd betrachtete.

»Sie meinen wohl, mehr Schaden hätte ich auch nicht anrichten können, oder?«

»Quatsch! Jetzt lass dich bloß nicht so hängen, Andrea! Das wird schon wieder! Mit Selbstmitleid allerdings ist noch keiner weitergekommen!«, mischte sich nun auch sein ehemaliger Jugendtrainer in den Wortwechsel.

»Kommt, mir reicht's! Ich gehe rein und mache das Radio an. Das wird ja nichts mehr heute. Wieder ein Spiel gegen die Bayern verloren. Kein Beinbruch, aber jetzt esse ich lieber was, denn ich habe einen Riesenhunger, und hör mir das nebenher im Radio an. Ist ja oft genug eh schöner als das wirkliche Gekicke, oder?« Guiseppe Salvatore erhob sich von seinem roten Ledersessel und ging, gefolgt von Emilia, zurück in den Raum, um sich den Häppchen zuzuwenden, die von dem nach wie vor strahlenden Sonnenschein dargeboten wurden.

»Na, das ist aber ein Ding. Da sitzen die im Stadion auf super-trouper teuren Plätzen, und dann hören die sich die Reportage im Radio an. Als wenn's da oben keinen interessiert, wie da unten 22 erwachsene Idioten einem Ball hinterher rennen!« Protnik, den irdischen Genüssen alles andere als abhold, staunte dennoch Bauklötze, als Guiseppe und Emilia sich am Tisch niederließen und das Spiel nunmehr Spiel sein ließen, währrend sie mit sichtlichem Appetit die Häppchen verschlangen, die ihnen wunschgemäß gereicht worden waren.

»Wieso denn eigentlich nicht? So Unrecht haben die beiden doch gar nicht«, schaltete sich Claudia ein, die von der Fußballbegeisterung ihrer Lieben noch nie so richtig infiziert worden war. Ja, sie konnte nachvollziehen, dass es wirklich ein besonderes Ereignis war, diese Atmosphäre zu erleben, wie sie keine Fernsehübertragung je würde vermitteln können. Aber das Spiel als solches? Wie gesagt, 22 (erwachsene) Leute und ein (kleiner) Lederball! Merkwürdig!

»Ich bitte dich! Da zahlst du wahrscheinlich zighundert Mark für so eine Karte und dann guckst du dir noch nicht einmal das Spiel richtig an!« Der lange Aufenthalt im Schwäbischen hatte den Sputnik zu einem messerscharf kalkulierenden Sparkommissar werden lassen.

»Das sehe ich anders – und anscheinend nicht nur ich. Da, guck dich doch mal um.« Claudia machte eine ausladende Handbewegung in Richtung der Nachbarlogen. »Da sitzen doch viele hauptsächlich drinnen und essen, trinken und parlieren. Und manchmal wirft man halt auch noch einen klitzekleinen Blick aufs Spielfeld, fertig! Viel interessanter ist es da für manche, sich unter hochrangigen Herrschaften ein bisschen wichtig zu tun – und fertig. Oder andersrum: Die essen eben das Geld wieder rein, das sie für die Karte ausgegeben haben!«

Ein Argument, das ein anerkennendes Kopfnicken bei Protnik hervorrief. »Auch eine Möglichkeit, zugegeben!« Er schien kurz zu überschlagen, bei welchem Refinanzierungsmodell es sich wohl um das effektivere handle. Schließlich legte sich ein schelmisches Grinsen über seine Züge. »Ich mach beides, erst gucke ich mir das Spiel an, und danach schlage ich zu: Unbarmherzig, das kannst du mir glauben! Die acht Euro fuffzig, die vervespere ich nachher, aber ratzfatz!«

»Glaub ich dir aufs Wort«, schmunzelte Claudia und ließ ihren Blick anerkennend über die beeindruckende Unterleibsregion ihres Gegenübers schweifen.

»Da, hört mal!«, winkte sie im selben Moment Guiseppe aufgeregt nach drinnen. »Hört mal zu, was da im Radio grade los ist.« Er drehte den Lautstärkeregler hoch, um auch die anderen an der Übertragung teilhaben zu lassen. »Das ist live von unserem Spiel!«

Und in der Tat, es war live! Live aus dem Daimler-Stadion. Die gestresste Stimme eines Radioreporters war zu hören, der sich ganz eindeutig in einer etwas unangenehmen Situation befinden musste, denn während er vom Spiel berichtete, von der eindeutigen Überlegenheit der Bayern, von deren zahlreichen verpassten Chancen, das Ergebnis noch höher zu schrauben, was nach des Reporters Meinung mehr als verdient gewesen wäre, mischte sich – offenbar von hinten – eine ärgerliche Stimme in die Reportage, die lauter und lauter durch den Äther drang. »Ja, sag mal, ja was isch denn des? Da kommt einer aus München dahergedackelt und meint, unseren VfB madig machen zu können. Ja schlag mich's Blechle: Du Schafsseckel, du elendiger, hast du selber überhaupt eine Ahnung vom Fußball, oder hasch du früher Hallenhalma gespielt, oder was?«

In diesem Moment reagierte die Regie im Sender mitleidsvoll und unterbrach die Übertragung, um den Kommentatorenstab weiterzureichen in das nächste Stadion. In der Hoffnung, der Kollege in Stuttgart möge aus der Bedrängnis, in die ihn allem Anschein nach ein ob der kritischen Worte und des Spielverlaufs wütender Anhänger des VfB gebracht hatte, einigermaßen unversehrt herauskommen.

»Da, da unten ist es!«, deutete Fabian auf die Presseplätze einige Ränge unterhalb seines Standortes, wo sich gerade eine Hand voll schnell herbeigeeilter Ordner mit einem älteren grauhaarigen Mann abmühten, der sich mit zorngerötetem Gesicht mittlerweile am Hemdkragen des Radioreporters zu schaffen machte.

»Das hat es auch noch nirgendwo gegeben! Donnerwetter!«, lachte Andreas Trenk angesichts der Szene, die sich da quasi direkt vor ihren Füßen abspielte. »Sage noch einer was gegen die phlegmatischen Schwaben! Da ist ein Spiel beim SSC Neapel nichts dagegen! Das sind halt Fans! Immer für ihre Mannschaft da, komme, was da wolle! Furchtlos und treu!«

»Na ja, wie man es nimmt! Das mit der Fan-Treue hab aber ich ganz anders erlebt«, brummelte der ausgemusterte VfB-Spieler in Richtung seines ehemaligen Trainers und wandte sich verdrießlich ab.

29

»Sag mal, wo hast du denn die ganze Zeit gesteckt?« Kopfschüttelnd musterte Horst Meyer seinen Begleiter Andreas Trenk, der in den letzten 45 Minuten wie vom Erdboden verschluckt gewesen war, als dieser sich gelassen lächelnd an den Tisch setzte, der für die Familie Salvatore und ihre Gäste im VIP-Bereich des Stadions reserviert war.

»Immer langsam mit den jungen Pferden, nicht wahr!« Trenk blickte sich fragend um. »Wo sind denn unsere Gastgeber?«

»Der Lucca, der hat da einen alten Kumpel entdeckt, mit dem ist er kurz an die Bar einen trinken gegangen, Andrea hat sich fluchtartig verzogen, um keine wie auch immer gearteten Kommentare zu ernten und die Eltern von den beiden, die haben ein paar Bekannte getroffen und sitzen jetzt da drüben beim Klavier«, nickte Claudia in die entsprechende Richtung. »Aber besonders gut drauf sind die heute sowieso nicht!«

»Kunststück, bei dem, was da so alles über sie hereingebrochen ist in der letzten Zeit«, gab Michael Protnik zu bedenken, während er freudig den nächsten Hähnchenschlegel ergriff, der auf einer Platte vor ihm seiner abschließenden Verwendung harrte. »Erst die Formkrise vom Junior, dann die Verletzung von Lucca und jetzt auch noch der Unfall. Bisschen viel, alles auf einmal!« Sprach's und biss herzhaft in das knusprige Hähnchenteil.

»Kann man wohl sagen. Merkwürdige Sache, das mit dem Unfall, aber andererseits ...«

»... soll man nicht hinter jedem Maulwurfshaufen einen Anschlag wittern, Herr Kommissar«, fuhr Claudia ihrem Angetrauten geistesgegenwärtig in die Parade, bevor dieser zu einer längeren Erörterung aller möglichen und unmöglichen Unfalltheorien ausholen konnte.

»Aber die Schweizer Kollegen werden wir schon einmal mit einer kleinen Nachfrage behelligen, oder?« Horst nickte zu dem genüsslich mampfenden Kollegen hinüber.

Der verdrehte vielsagend die Augen. »Das darfst dann aber du übernehmen, das sag ich dir! Die lassen doch sowieso nichts raus, und wenn du dann noch zugeben musst, dass du an gar keiner offiziellen Ermittlung dran bist, dann kannst du besser gleich in echt Schweizer Granit beißen, oder!« Protnik wischte sich mit den Handrücken den Mund und legte den fein säuberlich abgenagten Hähnchenschlegel auf den durchaus beeindruckenden Stapel mit Knochen, der sich auf dem danebenstehenden Teller türmte.

»Also, ihr Kriminalisten. Soll ich euch jetzt sagen, wo ich gewesen bin, oder wollt ihr lieber weiter euren

Unfall/Nicht-Unfall-sondern-Anschlag-Theorien nachhängen?«, schaltete sich nun Andreas Trenk wieder in das Gespräch ein.

»Schieß los!«, nickte Horst zu dem Fragesteller hinüber.

»Also, das war so!« Trenk lehnte sich in seinem Stuhl zurück und setzte eine wichtige Miene auf. »Ich hab's mit meiner Eintrittskarte geschafft, mich bis zur Pressekonferenz durchzuhangeln. Schon ein tolles Ding, diese Karte. Und ihr wisst ja, ich kenne den Trainer relativ gut. Wir waren früher schon ein paar Mal zusammen bei Lehrgängen in der Sportschule. Nach der Pressekonferenz hab ich ihn kurz fragen können, was denn mit dem Andrea passieren wird. Er weiß ja auch, aus welchem Stall der kommt, und deshalb denke ich, hat er mir ehrlich gesagt, was er denkt.« Trenk griff nach seinem Pilsglas und nahm einen tiefen Schluck.

»Ja, was denn«, drängelte Horst, während Michael Protnik zu seinem offensichtlichen Erstaunen registrieren musste, dass im eigenen Bierglas nur noch die spärlichen Schaumreste der Pilskrone dümpelten.

»Erzähl's mir nachher! Ich hole erst mal Nachschub«, erhob sich der Kollege und griff sich das leere Glas. »Vielleicht haben sie dort ja auch ein Weizenbier! Womöglich ein gescheites!«, sandte er einen hoffnungsvollen Blick nach vorne in Richtung Theke, auf der sich in erster Linie Pilsgläser aneinander reihten.

»Banause!«, schüttelte Horst den Kopf, während sich Claudia achselzuckend vornüber beugte, um besser hören zu können, was Andreas vom Trainer erzählt bekommen hatte.

»Die haben den Jungen auf jeden Fall noch nicht aufgegeben, so viel steht fest!«, begann der, das vorhin geführte Gespräch zu rekapitulieren.

»Das wäre ja wirklich unsportlich!« Claudia tippte sich an die Stirn und fixierte ihren Sohn Fabian ernst. »So schnell lässt man einen schließlich nicht fallen, nur weil der ein paar nicht ganz so gute Spiele hingelegt hat, oder?«

Fabian nickte zustimmend und verfolgte aufmerksam, was ihr Begleiter sonst noch zu berichten hatte.

»Also, sie werden erst einmal ihren Psychologen einschalten, um zu schauen, wo denn die Blockade bei unserem Jungstar sitzt. Klar ist allen Beteiligten, dass der Andrea das Fußballspiel nicht von heute auf morgen verlernt haben kann. Da muss irgendetwas sein, was ihn blockt, etwas, das ihn daran hindert, den Kopf frei zu bekommen und dementsprechend unbekümmert aufzuspielen.«

»Und ich hab immer gedacht, Fußball wird mit den Beinen gespielt«, warf Claudia lächelnd dazwischen, wofür sie einen maßregelnden Blick ihres Mannes erntete. »Ist ja schon gut! Aber das mit der Blockade, was könnte das denn sein?«

»Wenn wir das wüssten, oder der Trainer, dann bräuchten die ja keinen Psychologen mehr, nicht wahr!«, erwiderte Trenk. »Aber die werden der Sache schon auf den Grund gehen und fündig werden, da bin ich mir relativ sicher. Auf jeden Fall nehmen sie ihn jetzt doch mit nach Elba ins Trainingslager. Das hat der Trainer mir im Vertrauen geflüstert. Dem Andrea sagt er es aber noch nicht so schnell, den will er erst noch eine Weile schmoren lassen. Also, keine Silbe zu niemandem!« Andreas Trenk legte bedeutungsvoll den Zeigefinger an die Lippen. »Das gilt auch für dich, mein Sohn!«, bedachte er Fabian mit einem warnenden Blick.

»Logisch! Ehrensache!«

»Wär schon ein echter Hammer, wenn sie ausgerechnet den Jungen nicht mitnehmen würden. Wo doch seine Familie aus Elba stammt und seine Großeltern noch immer dort wohnen«, nickte Horst nachdenklich.

»Also, gut! Wie auch immer! Er kriegt demnach noch einmal seine Chance, meint der Trainer. Andererseits weiß er, dass der Sportdirektor granatenmäßig sauer auf den Jungspund ist, weil er den Stinkefinger gezeigt hat.«

»Kann man verstehen, oder?« Claudia musterte intensiv ihren Zeigefinger. »Schön ist so etwas wirklich nicht!«

»Zugegeben! Aber beim VfB meinen sie halt auch, dass sich der Junge dringend andere Berater zulegen müsste. Das alles könne bei einem Manager, der auch mal auf den Tisch haut, nie und nimmer passieren! Mitten in Vertragsverhandlungen zu stehen und sich dann dermaßen daneben zu benehmen! Der Francesco Adoni habe seinem Schützling wohl viel zu stark den Kopf verdreht, heißt es.«

»Natürlich! Typisch! Einer muss ja der Schuldige sein!«, schüttelte Horst missmutig den Kopf. »Einen trifft's immer! In diesem Fall halt den Adoni! Wobei ich nach wie vor der Meinung bin, dass der eine wohltuende Ausnahme unter diesen ganzen anderen Haien darstellt, die sich in der Szene tummeln!«

»Sehe ich auch so!« pflichtete ihm Andreas bei. »Aber so ist es halt. Warte mal«, er unterbrach sich und nickte in Richtung Flur, wo gerade ein großer, stattlicher Mann in dunklem Anzug mit raschen Schritten dem Ausgang zustrebte.

»Der Sportdirektor!« Fabian begriff sofort, was gemeint war.

»Genau! Da ist er ja. Mal schauen, ob ich noch ein paar Takte mit ihm reden kann! Den kenne ich schließlich auch schon seit Urzeiten!« Trenk erhob sich rasch und eilte dem anderen hinterher.

»Unwahrscheinlich, wen der alles kennt in der Szene!« Horst machte eine ausladende Handbewegung.

»Ich bin mir fast sicher, dass der Andreas irgendwann doch noch als Assistenztrainer bei einem Bundesligaverein landet, bei den Kontakten, die er hat. Vielleicht ja sogar beim VfB!«

»Mann, das wäre riesig!«, strahlte Fabian. »Dann könnte der uns sicher immer so tolle Karten für die Heimspiele besorgen, oder?«

»Schon möglich«, lachte Horst. »Dir gefällt es hier also, wie man hört!«

»Logisch!« nickte der Junior. »Das ganze Essen und Trinken, alles umsonst! Und der Nachtisch, der war auch Spitzenklasse – da hol ich mir noch eine Portion.«

»Von wegen alles umsonst! Glaub ja nicht, dass das alles nicht jemand hat bezahlen müssen«, hob Claudia warnend den Zeigefinger. »Das wahre Leben ist anders, vergiss das nicht. Das hier kann man sich wirklich nur dann leisten, wenn man viel, viel Geld verdient. Und das tun die Wenigsten.«

»Oder man lässt sich halt einladen!«, grinste Horst zufrieden und nahm einen letzten Schluck aus seinem Pilsglas. »So – der erste Durst ist gelöscht! Wenn die jetzt auch noch einen anständigen Wein hier hätten, dann wäre das Glück perfekt.« Suchend sah er sich um.

»Du, Papa, guck mal, auf dem Fernseher da!« Aufgeregt deutete Fabian zu einem der großen Monitore hinüber, die überall aufgestellt waren. »Der Onkel Michael! Der kommt im Fernsehen!«

»Wie, im Fernsehen?« Horst kniff die Augen zusammen und nahm einen der Bildschirme ins Visier. Tatsächlich! Aus der Mattscheibe lächelte ihm da das leicht gerötete feiste Antlitz seines Freundes und Kollegen Michael Protnik glückselig entgegen. »Ja – um alles in der Welt! Was macht der denn da?«

»Der wird interviewt, Papa! Im Fernsehen! Wow!«

Die beiden waren aufgesprungen und hatten sich rasch dem Fernseher genähert, auf dem der Sputnik dem staunenden Publikum gerade eben heftig gestikulierend sämtliche fußballtechnischen Tricks und Kniffe zu erklären schien – und das mit einem halb gefüllten Weizenbierglas in der Hand! In Anbetracht der ziemlich undeutlichen Sprechweise und der eindeutig glasig glitzernden Äuglein lag sonnenklar auf der Hand, dass der Alkoholpegel im Kreislauf des Fußballexperten mittlerweile beeindruckende Höhen erreicht haben musste.

Horst stöhnte gequält auf. »Ach du meine Güte! Kann der Kerl denn wirklich gar kein Fettnäpfchen auslassen? Was macht der denn da um Himmels willen?!«

»Ach, guck, Papa, das ist bloß das Stadionfernsehen!«

»Stadionfernsehen?«

»Na, schau mal, hier, das Logo vom Sponsor! Das hab ich schon mal in der ›Bravo Sport‹ gelesen, dass die das jetzt immer machen in den großen Stadien. Das ist ein eigenes Fernsehprogramm für die Leute, die jetzt hier drinnen sind«, machte Fabian eine ausholende Handbewegung. »Aber da scheint ja fast keiner richtig zuzuhören!«

»Gott sei Dank!«, atmete Horst erleichtert auf. »Hoffentlich kennt den Unglücksraben keiner! Was sagt der da grade?«, spitzte er irritiert die Ohren.

»Prosit! Ein Prosit der Gemütlichkeit!«, schallte es in diesem Moment lautstark aus dem Fernseher, während der Sputnik sein Glas an die Lippen setzte und es in einem einzigen beeindruckenden Zug leerte. Strahlend wischte er sich anschließend mit dem Handrücken den Schaum von den Lippen und ... Nein! Bitte nicht! Aber Horst hatte das Geräusch richtig gedeutet: »Entschuldigung! Kann ja mal vorkommen! Nicht wahr?«, grinste der Kretin frech (und bedenklich schwankend) in die Kamera.

Während sich eben der Reporter des Stadionfernsehens sichtlich abmühte, seinen mittlerweile etwas lästig gewordenen Interviewpartner vor laufender Kamera, aber dennoch, einigermaßen stilvoll zurück in die Etappe zu schicken, drang eine unangenehme, schnarrende Stimme ärgerlich an Horsts Ohr. Eine ihm nur allzu bekannte Stimme!

»Ja, sagen Sie mal! Sind Sie und ihr famoser Herr Kollege denn völlig übergeschnappt, oder was?!«

Der Kommissar zuckte schmerzlich zusammen. Diese Stimme! Er kannte sie – nur allzu gut! Da war er – wieder einmal! Wetten? Langsam wandte Horst sich um und blickte in ein zorngerötetes Gesicht: Unterhauser! Konnte es wahr sein? Was hatte der denn hier zu suchen?! Aber, er war es! In vollster Lebensgröße! Der »Lieblingsfeind« der beiden Kommissare – und das schon aus lange vergangenen gemeinsamen Ulmer Kripotagen! Damals, als dieser Kerl noch die dortige Kripo in Grund und Boden leitete, um danach, dank des richtigen (oder hieß es besser, »dank des rechten«) Parteibuches Karriere beim Landeskriminalamt zu machen.

»Herr Unterhauser!«, presste Horst mühsam durch die Lippen.

»Ja, allerdings!« Der Kriminaldirektor musterte seinen ehemaligen Untergebenen mit verächtlich herunter gezogenen Mundwinkeln. »Was soll das denn werden, da drüben?«, nickte er kurz in Richtung Bildschirm, auf dem zu sehen war, wie sich Protnik – sehr zur offensichtlichen Erleichterung des Reporters – mit schleppenden Schritten gemächlich davon machte. »Ich hoffe ja sehr für Sie, dass Sie nicht in offizieller Mission hier sind! Sie und Ihr unglaublicher Kollege da!«

Horst schluckte die scharfe Erwiderung, die ihm auf der Zunge lag, widerwillig hinunter. »Nein, Herr Unterhauser, sind wir nicht! Tja«, er zuckte mit den Schultern und machte eine wegwerfende Handbewegung, »leider sind wir nur als Privatleute anwesend! Pech!«

»Ein Polizeibeamter ist immer im Dienst!« Man konnte am enttäuschten Gesichtsausdruck der Kanaille ablesen, wie sehr der sich bereits auf die Anzeige eines Dienstvergehens gefreut hatte. »Lesen Sie mal im Beamtenrecht nach, wie man sich in der Öffentlichkeit korrekt zu verhalten hat, dann wissen Sie, was ich meine! Also, die Schau, die dieser Brodnigg da gerade abgezogen hat ...«

»Protnik«, verbesserte Horst. »Michael Protnik, Kriminalhauptkommissar!«

»... die spottet doch jeder Beschreibung!«, ließ sich der andere in seiner Klagerede nicht beirren. »Ich werde auf jeden Fall gleich am Montag früh die Sache disziplinarisch überprüfen lassen«, setzte er mit boshaftem Lächeln noch hinzu. Doch der Triumph sollte nicht von langer Dauer sein. Schon wenige Sekunden später ging der Kriminaldirektor in die Knie. Eine Zentnerlast war unvermittelt auf seine rechte Schulter herniedergedonnert.

»Ja, da schau an, der Herr Unterhauser!« Das schweißglänzende, zart gerötete Gesicht von Protnik tauchte in diesem Augenblick hinter Unterhauser auf und betrachtete fröhlich grinsend das Resultat der doch offenbar etwas zu innig ausgefallenen Begrüßungszeremonie. »Ja aber, Herr Unterhauser! Sie scheinen ja ganz schön auf den Hund gekommen zu sein beim LKA. Nichts mehr gewöhnt, wie? Nur noch Bürosessel und Konferenzen, gell? Kein Sportprogramm mehr? Tja! Das, wenn ich gewusst hätte!« Er streckte die Hand aus, als wolle er Unterhauser wieder aufhelfen, doch der wehrte heftig ab.

»Brodnigg! Das war zu viel jetzt! Jetzt haben Sie es endgültig übertrieben!«, keuchte Unterhauser wütend und rieb sich die offensichtlich schmerzende Schulterpartie. »Angriff auf einen höher gestellten Beamten! Das macht das Maß voll!«

»Angriff?«, glotzte Protnik erstaunt zurück. »Was denn für ein Angriff?«

»Ach, tun Sie doch nicht so scheinheilig!« Unterhauser straffte sich und funkelte den beiden Kommissaren zornig ins Gesicht. »Das hat jetzt schon ein doppeltes Nachspiel, darauf können Sie Gift nehmen!« Ohne eine Antwort abzuwarten, machte er kehrt und stapfte trotzig davon.

»So ein Breschtlingsgockel aber auch!«, knurrte Protnik kopfschüttelnd.

»So ein ... was?« Fabian, der das Gespräch bislang stumm und staunend verfolgt hatte, war sich nicht sicher, ob er richtig gehört hatte.

»Breschtlingsgockel! Noch nie gehört, den Ausdruck?«

»Nicht wirklich! Du, Mama?«

Auch Claudia schüttelte den Kopf. Um ihre Mundwinkel zuckte freilich ein verräterisches Grinsen. Gespannt lehnte sie sich zurück und wartete auf eine Erklärung des seltsamen Begriffes.

»Aber ihr seid doch die Schwaben hier! Ihr werdet doch wohl wissen, was ein Breschtling ist?«

»Natürlich weiß ich das, eine Erdbeere! Und ein Gockel ist ein Gockel, hochdeutsch ein Hahn!«, gab Horst stirnrunzelnd zurück. »Nur, in dieser Kombination hab ich die beiden Begriffe ja noch nie gehört!«

»Siehst du, schon wieder was gelernt!«, klatschte Protnik fröhlich die Hände zusammen. »Auf jeden Fall, das ist ein Breschtlingsgockel, und zwar ein granatenmäßiger, oder?«

»Na, na«, nickte Horst amüsiert. »Aber irgendwie passt der Begriff schon auf den Blödmann! Was meinst du, Claudia?«

Die Angesprochene grinste fröhlich.

»Also! Einverstanden! Nennen wir ihn von jetzt an unseren Breschtlingsgockel!«

Die beiden Kommissare klatschten zur Bestätigung dieser gerade vollzogenen Vereinbarung die Innenflächen ihrer Rechten gegeneinander und lachten glucksend. »Mal schauen, was unser Freund und Helfer da wieder für einen Sturm im Wasserglas auslösen wird!«

»Das geht aus wie das Hornberger Schießen, das wissen wir ja jetzt schon! Aber andererseits sagt der sich halt: Steter Tropfen höhlt den Stein. So kann er uns wenigstens unsere Beförderungschancen verbauen, meint er!«

»Worauf ich eh pfeife! Ich kann sowieso nichts mehr werden, ohne mich nicht bis zur Unkenntlichkeit zu verbiegen! Und das will ich nun mal nicht: Der offene Blick morgens in den Spiegel, der ist mir immer noch mehr wert, als eine weitere Sprosse in der Karriereleiter!«

»Womit wir uns mal wieder einig sind!« Protnik zog sich einen Stuhl heran, auf dem er sich mit einem erschöpften Seufzen niederließ. »Puh! Ist mir warm – und irgendwie bin ich ziemlich müde! War wohl doch ein kleines Bierchen zu viel, um diese frühe Uhrzeit!« Er fingerte ein Taschentuch aus der Hosentasche und wischte sich sorgsam den Schweiß von der Stirn.

»Wisst ihr, was schön wäre?« Claudia blinzelte schelmisch und musterte die beiden erwartungsvoll.

»Nein? Was denn?«

»Noch ein Bier!«, ächzte Protnik.

»Du meine Güte, Sputnik! Du bist ja ein Fass ohne Boden – im wahrsten Sinn des Wortes! Aber so platt, wie du grade aussiehst ...« Horst wandte sich zu seinem Sohn. »Meinst du, dass du dem Onkel Michael noch ein Weizenbier besorgen kannst, bevor der uns ganz verdurstet!«

»Kann ich!«, nickte Fabian und erhob sich. »Ich wollte sowieso schauen, ob ich einen Spieler treffe und von dem ein Autogramm bekommen kann!«

»Na also, dann mal los!«, gab Horst seinem Sprössling einen leichten Klaps auf den Rücken, bevor er sich in Claudias Richtung drehte. »So, und jetzt sag uns mal, was schön wäre!«

»Wenn ich mir so alles in Erinnerung rufe, was der Unterhauser an merkwürdigen Connections aufzuweisen hat ...« Sie machte eine Pause und blickte bedeutungsvoll in die Runde.

»Worauf willst du hinaus?«

»Überlegt doch mal! Der ist doch sicher nicht auf eigene Rechnung hier! Den hat jemand eingeladen, wetten?«

»Darauf kannst du Gift nehmen!«, nickte Protnik.

»Lieber nicht!«, wehrte Claudia ab. »Aber, es wäre doch sicher ganz interessant, mal herauszufinden, wer den ... wie heißt das?« Sie fuhr sich nachdenklich über die Schläfe.

»Ach ja. Also, wer unseren Breschtlingsgockel eigentlich heute eingeladen hat. Ist ja nicht ganz billig, so ein Ticket! Vielleicht könnte man damit eine kleine Gegenoffensive starten. Wegen Bestechlichkeit im Amt, Vorteilsannahme oder was auch immer! Tut der Karriere sicherlich nicht besonders gut, so eine kleine Untersuchung, oder?«

»Nicht schlecht!«, staunte Protnik. »Hab gar nicht gewusst, dass du so ein raffiniertes Aas sein kannst!«

»Was bleibt einem denn manchmal anderes übrig? Wenn die mit harten Bandagen kämpfen, dann sollen sie auch ruhig was abbekommen. Und glaub mir, im Einstecken, da sind diese Herrschaften weitaus schwächer als beim Austeilen. Da fängt sofort ein riesiges Lamento an!« Claudia kramte aus ihrer Handtasche einen Lippenstift hervor und setzte ihn an die Lippen.

»Aber wie willst du das herausfinden?« In Horst überwog die Skepsis. »Du kannst ja nicht einfach hingehen und sagen: Na, lieber Unterhauser, wer hat uns denn heute eingeladen – und aus welchem Grund? Schön wär's ja, aber ...«

»Das lass mich mal einfach machen!« Sie schraubte den Lippenstift zu und erhob sich mit einem raffinierten Lächeln. »Also, in einer halben Stunde treffen wir uns wieder hier! Bis dann!« Sprach's und entschwand mit unternehmungslustigem Hüftschwung.

»Na, da bin ich aber gespannt!«, brummelte der überraschte Horst Meyer seiner in die Menge eintauchenden Ehefrau hinterher. Es wäre aber auch zu schön, um wahr zu sein.

30

»Hallo, ihr beiden! Was sitzt ihr denn hier so herum wie bestellt und nicht abgeholt?« Andreas Trenk war von seinem Gespräch mit dem Sportdirektor zurückgekommen und ließ sich in einen der Stühle fallen. Suchend sah er sich um. »Und wo ist Claudia? Und der Fabian?«

»Die Claudia ist Kontakte knüpfen gegangen und der Fabian sucht ein Weizenbier mit Autogrammen«, ließ sich Protnik mit matter Stimme vernehmen. War er doch tatsächlich kurz eingenickt! Na ja, bei der Wärme hier drin ...

»Aha!« Trenk schaute irritiert. »Verstanden hab ich zwar nichts, aber o.k. Sag mal, hab ich dich da vorhin im Fernsehen gesehen oder hast du einen Doppelgänger?«

Müde winkte Protnik ab. »War doch bloß das Stadionfernsehen!«

»Du, sag mal!«, deutete Horst mit einer knappen Kopfbewegung nach vorne. »Kennst du den Kerl hier noch?«

Protnik kniff die Augen zusammen und spähte angestrengt in die vorgegebene Richtung. »Wen meinst du denn ... Ach du große Güte! Der auch noch!« Er klatschte sich auf die Schenkel und setzte eine säuerliche Miene auf. »Braucht der wieder einen Kredit vom VfB, oder wieso ist der hier?«

»Gute Frage«, knurrte sein Kollege. »Ich habe gedacht, sie hätten dem endlich Hausverbot erteilt! Tja, von wegen! Obwohl, das war ja schon immer so: Wenn du den vorne zur Tür hinausgeworfen hast, dann ist er hinten wieder rein gekommen. Ich habe den Kerl ja wirklich gefressen, aber das eine muss ihm der Neid lassen, den haut kein Skandal um. Der übersteht alles!« Kopfschüttelnd musterte er den ehemaligen Präsidenten des VfB, dem er während seiner Zeit bei der Stuttgarter Kriminalpolizei einige Mal begegnet war.

Auch Protnik schüttelte sich unbehaglich. »Es gibt halt einfach Leute, die können sich mehr herausnehmen als andere Leute! Ich frage mich ja immer und immer wieder, weshalb das so ist! Aber ich komme nicht drauf! Ich weiß nur eins, wir brauchen gar nicht über die Österreicher oder über die Italiener herziehen und großartig angeben, dass es bei uns niemals zugehen könne wie bei ihnen! Von wegen! Der da drüben,« er nickte säuerlich nach vorne, »der könnte eine Schule in Palermo aufmachen! Von dem können sie noch manchen Trick lernen, da bin ich mir hundertprozentig sicher!«

»Womit du Recht hast, der hat sich Dinger geleistet, die kannst du in deinen kühnsten Träumen nicht erfinden! Da ist die Wirklichkeit besser als jeder Krimi! Nur, wenn das einer als Kriminalroman veröffentlichen würde, dann würde jeder sagen, das sei ja so was von übersteigert. Beim besten Willen, aber man könne ja alles übertreiben ...«

»Über den gibt's einen herrlichen Satz – ich denke, der sagt mehr als tausend Worte. Hat mir mal einer von unseren Kollegen erzählt, die den immer als Personenschützer begleiten mussten, als der noch Minister war: Nach dem Skandal ist bei dem immer schon wieder vor dem Skandal!«

»Bingo! Das trifft die Sache! Hundertprozentig! Aber sag mal, was ist denn nun bei deinem Gespräch mit dem Sportdirektor herausgekommen, Andreas?«, versuchte Horst der fruchtlosen Erörterung eine andere Wendung zu geben. »Hat er dir etwas gesagt?«

»Doch, ja!« Trenk nickte nachdenklich. »Also es ist so, natürlich ist auch der wütend auf unseren Jungspund und versteht nicht, weshalb sich der Andrea plötzlich so merkwürdig benimmt. Er sagt, er müsse da schon dementsprechend durchgreifen, sonst macht dieses Verhalten bei den jungen Spielern Schule. Tja – und bevor der Bär tanzt, muss halt ein Exempel statuiert werden.«

»Was soll das heißen? Konkret?«

»Zum einen waren das die 10.000 Euro Strafe, die tun ja schon ein bisschen weh, zum anderen haben sie die Vertragsverhandlungen ausgesetzt. Neulich, als der Francesco dem Vorsitzenden des Vereins einen Besuch abstattete, der Francesco Adoni, der Spielerberater von

Andrea«, ergänzte Trenk rasch, als er das fragende Stirnrunzeln bemerkte, das Protnik aufgesetzt hatte. »Also, dem haben sie gesagt, er könne gleich wieder kehrt machen. Adoni hat dann zwar schnell noch eine Jammerarie vom Stapel gelassen: Dass er selber Probleme mit dem Andrea habe und dass der ihm schon angedroht habe, den Manager zu wechseln, aber das haben sie beim VfB gar nicht hören wollen. Man hat ihm klipp und klar gesagt, er solle erst mal mit seinem Schützling Klartext reden, sonst lande der noch beim FC Basel oder sonst wo.«

»Beim FC Basel! Wieso denn grade in Basel?!«, wunderte sich Horst.

»Du wirst es nicht glauben«, tippte sich Trenk an die Stirn. »Aber es gibt Gerüchte in der Szene, hat mir der Sportdirektor erzählt, Gerüchte, wonach der Lucca Salvatore von einem Spielerberater dem FC Basel angeboten worden ist.«

»Der Lucca und der FC Basel!« Horst lachte laut auf. »Im Leben nicht! Wer bei Juve in Turin spielt, der geht doch nie und nimmer nach Basel!«

»Und wenn sich die Verletzung des hoffnungsvollen Fast-Nationalspielers als ernster erweist, als der das wahrhaben mag ...?«

»Dann nimmt ihn nicht mal mehr der FC Basel«, warf Protnik trocken in die Debatte.

»Auch wieder wahr!«, staunte Trenk ob der nüchternen Analyse des Ulmer Kommissars. »Logisch eigentlich! Darauf hätte ich ja auch selber kommen können!

Obwohl ...« Er unterbrach sich und schien kurz zu überlegen.

»Obwohl was?«, drängelte Horst ungeduldig.

»Mmh! Der Sportdirektor hat mir dann noch im Vertrauen gesteckt, dass er neulich einen merkwürdigen Anruf bekommen hat ... aus der Schweiz ... ratet mal, woher genau?«

»Aus Basel?«, echoten Horst und Michael postwendend.

»Aus Basel!«, bestätigte Trenk. »Die haben beim VfB vorsichtig angefragt, ob etwas dran sei an dem Gerücht, dass man den Andrea abgeben wolle. Es sei da schon ein erster loser Kontakt geknüpft worden. Konkret, der FC Basel hat eine Anfrage bekommen, ob man denn eventuell im Fall des Falles an dem Andrea Salvatore interessiert wäre.«

»Das ist ja ein Ding!« Überrascht schüttelte Horst Meyer den Kopf. »Beide Salvatores auf dem Sprung! Und dann ausgerechnet in die Schweiz! Nach Basel! Ich fass es nicht!« Er tippte sich an die Stirn. »Das hieße dann ja ... das hieße ...«

»... dass damit beide ihre Karriere beerdigt hätten, bevor die richtig losgegangen ist!« setzte Andreas Trenk den Gedankengang fort.

»Und deshalb ist das ja mehr als unwahrscheinlich!«, wischte Protnik die Schlussfolgerung der beiden rasch beiseite.

»Na ja, mach es dir nicht zu einfach: An jedem Gerücht ist etwas dran! Irgendwo, irgendwie ...«

»Aber was?« Horst kaute nachdenklich am Fingernagel. »Da stinkt etwas, das ist mir mittlerweile klar. Irgendwo ist da etwas faul, und zwar granatenmäßig! Aber was?«

»Vielleicht steht dort drüben ja die Antwort«, nickte Trenk an die Bar hinüber. Dort schob sich gerade ein braungebrannter dunkelhaariger Mann durch die Menge, der seine dunkel getönte Sonnenbrille ganz offensichtlich auch nicht im dezenten Licht der Stadionlounge abzunehmen gedachte. Wo hatten sie diesen Typen denn schon einmal gesehen? Unangenehm hatte er damals gewirkt, unsympathisch, kalt, arrogant – genau wie jetzt!

»Wer ist der Kerl? Woher kenne ich den?«

»Na, erinnere dich mal an unseren Besuch neulich in Lauffen«, half Trenk ihm auf die Sprünge. »Der angebliche Frachtkunde wegen einer Lieferung nach Bologna! Als uns dann der Guiseppe so schnell abgewimmelt hat!«

»Richtig! Genau! Hast du aber ein Gedächtnis! Das ist dieser Kerl mit seinem blödsinnigen SEX Kennzeichen! Garbaldo oder so ähnlich heißt der, stimmt. Italienischer Kaufmann! Ja, aber was tut der denn hier?«

»Ist halt vielleicht tatsächlich nur ein VfB-Fan, oder? Denk an den Rest von seinem Kennzeichen auf dem gelben Flitzer: 1893, VfB-Gründungsjahr!«

»Leute gibt's!«, brummelte Protnik kopfschüttelnd. »Jedem Tierchen sein Plaisierchen, oder? Aber im Ernst, was hat der denn hier zu suchen? Ob der wohl in

Wirklichkeit am großen Rad mitdreht? Immerhin weist die Basel-Spur ja anscheinend auch nach Italien.«

»Du meinst?!« Horst war aufgefahren und klatschte die Hände zusammen. »Das wäre ja ein Ding! Wenn der in Wirklichkeit dermaßen die Finger drin hätte, und so versuchen würde, den einen oder anderen hoffnungsvollen Nachwuchsspieler billig aus seinem Vertrag herauszubekommen und gleichzeitig den bisherigen Spielerberater auszutauschen – durch sich selber! Das wäre ja ...! Donnerlittchen!« Suchend sah sich Horst um. »Und wo ist der Kerl jetzt?« Doch während die drei noch aufgeregt ihre Theorien debattierten, war der Italiener längst in der Masse der Besucher verschwunden. »Mist! Weg ist er!«

»Der wird uns schon noch einmal über den Weg laufen«, gab sich Trenk zuversichtlich.

»Und selbst wenn – was ist denn dann? Was wollt ihr den fragen, beziehungsweise, was soll der sagen, was er so tut und treibt!« Protnik war vom Ergebnis ihres Disputes alles andere als überzeugt. »Und eines müsst ihr mir dann schon noch erklären: Weshalb spielt der Andrea momentan so schlecht und rastet sofort aus, wenn's nicht so geht, wie er das gerne hätte? Sagt bloß, dass ihr der Meinung seid, der spielt absichtlich schlecht! Das glaubt ihr ja wohl selber nicht!«

Verblüfft ließ Horst den Unterkiefer sinken. Donnerwetter! Da hatte der Kollege aber wirklich ins Schwarze getroffen! Was ergab das alles denn für einen Sinn, was sie da bisher an Theorien entwickelt hatten?

»Mensch, Michael! Du kannst einem aber auch den letzten Funken Optimismus nehmen! Dann sind wir jetzt also so schlau wie heute Morgen. Mit anderen Worten, wir wissen nichts! Rein gar nichts!«

31

Das Telefon klingelte und klingelte. Offenbar wollte es die Nervensäge am anderen Ende nicht wahrhaben, dass er heute Abend nicht die mindeste Lust verspürte, noch einmal ans Telefon zu gehen. Der junge Fußballspieler schaute auf die Armbanduhr: Gleich halb elf! Wer wollte da noch etwas von ihm? Doch kaum war das Klingeln nach dem zehnten Versuch erstorben, da probierte es der Anrufer von neuem. Ärgerlich erhob sich Lucca und riss den Hörer vom Apparat: »Pronto?!«, bellte er wütend in die Muschel.

»Buona sera, amigo!«, flüsterte es heiser durch die Leitung.

Eine Gänsehaut schlich über den Rücken des Angerufenen. Da waren sie wieder! Sie hatten es ja angekündigt: Sie würden keine Ruhe geben! Und jetzt, jetzt waren sie wieder da! Lucca räusperte sich trocken: »Pronto?«

»Hier ist dein Zahnarzt, amigo! Ich wollte mich einmal nach dem werten Befinden erkundigen. Und ob die Behandlung erfolgreich verlaufen ist.« Der Anrufer lachte böse. »Vielleicht sollten wir sie ja noch ein bisschen fortsetzen? Oder?«

Nein! Nur das nicht! »Fortsetzen? Aber wieso denn?«

»Wieso denn?!«, zischte der andere böse. »Vielleicht deshalb, weil ich noch immer auf mein Honorar warte. Ich habe da noch immer nichts gehört. Nicht das Mindeste!«

»Aber«, Lucca starrte verzweifelt zur Decke. »Aber ich habe doch mit meinem Bruder schon gesprochen! Das geht nicht von heute auf morgen! Ich brauche noch ein paar Tage Zeit! Mit meinen Eltern bin ich mir schon einig ...«

»Die Eltern!«, lachte es aus dem Hörer. »Wie geht es dem Vater denn so? Ich habe gehört, er hat einen kleinen Unfall gehabt neulich ...«

Schweißperlen traten auf Luccas Stirn. »Woher wissen Sie ... Waren etwa auch Sie ...«

»Gar nichts war ich! Nirgendwo bin ich! Nur die Geduld, mit der ist das so eine Sache. Und deshalb möchte ich jetzt noch einmal ganz klar und deutlich sagen: Meine Kollegen und ich werden langsam etwas unruhig. Langsam, aber sicher! Vielleicht also doch noch einmal eine kleine Behandlung, zur Abrundung sozusagen?«

»Nein! Bitte nicht! Ich tue ja, was ich kann! Und außerdem, der Zahnarzt neulich, der hat auch schon Verdacht geschöpft! Der wollte die Polizei anrufen!«, versuchte der in Bedrängnis Geratene, einen vermeintlichen Trumpf auszuspielen.

»Die Polizei! Das wäre schlecht!«

»Ich habe es ihm ja auch ausgeredet! Ich habe ihn an seine ärztliche Schweigepflicht erinnert!«

»Und das ist gut so! Ja, was sollen wir in so einem Fall denn machen?« Der andere sprach langsam, setzte die Worte einzeln, Worte, die wie Pistolenkugeln im Gehirn des Fußballspielers zu explodieren schienen. Eines nach dem anderen. »Ach ja, bevor ich es vergesse, was macht denn die Knieverletzung? Hat der Besuch in Stuttgart geholfen?«

»Ja, danke!« Die schienen über jeden seiner Schritte bestens informiert zu sein! »Doch, es geht allmählich aufwärts. Die Ärzte haben mir eine besondere Massageart verschrieben. Sie meinen, das müsste helfen, und dass ich in drei Wochen wieder spielen kann.«

»Na also! Bestens!« Der Mann schien zufrieden. »Dann hoffen wir doch, dass es so bleibt! Nicht, dass es demnächst im Training noch einmal zu solch einem schlimmen Zusammenprall kommt wie damals. Das wäre doch furchtbar, nicht wahr?«

Panik ergriff Besitz von Lucca. Fürchterliche Panik, die ihn in ihre eisige Umklammerung nahm. »Zusammenprall?«, stammelte er. »Wie meinen Sie das?«

Doch auf seine Frage erhielt er keine Antwort mehr. Der gespenstische Anrufer hatte aufgelegt. Nur noch der nervtötende Dauerton der Telekom drang qualvoll an das Ohr des Jungen. Mit zitternden Händen legte er das Telefon zurück und kauerte sich nieder. »Weshalb ich? Weshalb tun sie mir das an? Weshalb ich?« Verzweifelt schüttelte er den Kopf, während dicke Tränen von seinen Wangen auf den Boden tropften.

32

»Da guck, hier steht's!« Horst deutete auf den Sportteil der Tageszeitung, die aufgeschlagen vor ihm lag. »Der Andrea hat seinen Berater gefeuert! Unglaublich! Ausgerechnet den Adoni, den einzig halbwegs seriösen Spielervermittler, den ich kenne?« Kopfschüttelnd las er die Meldung zum zweiten Mal. »Was um alles in der Welt ist bloß in diesen Burschen gefahren?«

Claudia schaute vom Computer hoch? »Wie gefeuert?«

»Na, wie wohl?! Rausgeschmissen hat er ihn! Da kannst du es lesen: Man habe sich in gegenseitigem Einverständnis getrennt! Wie das halt immer so formuliert wird.«

»Komisch! Sonst geht es doch immer bloß um Trainer-Rausschmisse oder Spielerverkäufe, aber doch nicht um Berater. Seit wann steht so was jetzt auch schon in der Zeitung?«

»Keine Ahnung!« Horst runzelte die Stirn. »Da hast du eigentlich Recht. So eine Meldung habe ich, wenn ich's recht bedenke, auch noch nie gelesen. Aber gut, in diesem Fall hängt es wahrscheinlich mit der ganzen Vorgeschichte zusammen: Wenn so ein junger hoffnungsvoller Nachwuchsspieler am ausflippen ist, dann interessiert halt plötzlich jede Einzelheit.«

»Ich halte es trotzdem für einen Fehler. Und zwar erstens, dass der Andrea das überhaupt gemacht hat, und zweitens, dass er es dann an die Zeitung weitergibt! Was meinst du?«

»Sehe ich ganz genauso«, nickte Horst. »Es sei denn, die Meldung ist lanciert worden – von den berühmt-berüchtigten ›interessierten Kreisen‹, die dem Adoni und dem Andrea Schaden zufügen wollen. So ein Spielerberater hat schließlich nicht nur Freunde, wie du dir denken kannst.«

»Schon klar, das liegt auf der Hand. Aber sag mal«, tippte sich Claudia nachdenklich an die Nase. »Wer ist denn dann der Neue? Kennst du den?«

»Weiß nicht! Das steht natürlich wieder mal nicht in der Zeitung! Also, entweder wissen die das nicht, oder sie sparen sich's für morgen auf. Dann haben sie wieder eine Meldung, wieder eine Schlagzeile.«

»Als wenn das so furchtbar interessant wäre ... Na ja, von mir aus. Aber sag mal«, Claudia deutete auf den Bildschirm ihres PC. »Was hältst du denn von dieser E-Mail da?«

Horst beugte sich herunter und betrachtete interessiert den Text, der auf dem Monitor zu lesen war. »Donnerwetter!«, staunte er.

»Der Michael hat eine E-mail geschrieben! Höchstpersönlich! Ohne Uschis Hilfe! Wahnsinn! Dann hat der technische Fortschritt also tatsächlich jetzt auch schon unseren Sputnik überrollt! Da schau an!«

»Hab ich ja schon immer gesagt, so ahnungslos, wie der tut, ist der Michael gar nicht. Stille Wasser sind bekanntlich tief, wie du weißt!« Claudia gab ihrem Ehemann einen zärtlichen Klaps auf das Hinterteil. »Aber lies doch mal, was der Michael von uns will!«

»Oh Gott! Doch nicht schon wieder ein Wochenende mit der Uschi hier bei uns?«

»Mehr.«

»Was?!« Horst hoffte, nicht richtig verstanden zu haben. »Also, bei aller Liebe zum Vaterland ...«

»Jetzt lies doch erst mal! Ich finde die Idee nämlich gar nicht so daneben!«

»Jetzt fang du nur auch noch an!« Der Kommissar kniff ärgerlich die Augen zusammen und begann mit der Lektüre. »Das strotzt ja nur so vor Schreibfehlern!«

»Horst!«

»Schon gut, schon gut! Ach, da schau an! Was will der? Urlaub auf Elba machen? Und ob wir mitkommen? Die beiden wollten da schon immer mal hin. Und meinen, das wäre schön, wenn wir mit dabei wären, weil wir die Insel schon ein bisschen kennen ... Und der VfB dorthin über Ostern ins Trainingslager geht. Ganz schön clever – unser Freund und Helfer, Donnerwetter!«

»Eben!«, nickte Claudia. »Jetzt bist du baff, nicht wahr! Also, ich muss sagen, ich finde das gar keine so schlechte Idee.«

Auch Horst verspürte bereits so etwas wie Vorfreude in sich aufsteigen. Aber dennoch: »Und was sagt die Urlaubskasse dazu?«

Claudia machte eine wegwerfende Handbewegung. »Ach, das geht schon. Wenn wir hier in der Gegend unsere Radtouren gemacht hätten, dann wären da schließlich auch einige Euro auf der Strecke geblieben. Und auf Elba ist jetzt noch Vorsaison. Da bekommst du die Zimmer spottbillig. Die kosten jetzt nicht mal ein Drittel von dem, was sie in der Hochsaison verlangen. Außerdem gehen wir ja alleine, ohne die Kinder. Die sind währenddessen bei der Oma, wie ausgemacht, oder?«

»Trotz Ostern?«, gab Horst zaghaft zu bedenken, in der Hoffnung auf eine überzeugende Antwort.

»Grade wegen Ostern! Die wollten doch schon immer mal eine ganze Woche auf die Alb hoch und dann ein paar schöne Ausflüge mit deiner Schwester und der Oma machen, die ganzen Spaßbäder auf und ab, wozu wir ja sowieso nie Lust haben!«, hatte Claudia zum Glück das richtige Argument gegen ein schlechtes Gewissen auf Lager.

»Gut! Lass das aber bloß nicht den Fabian wissen! Wenn der mitbekommt, dass wir ohne ihn nach Elba fahren. Ausgerechnet, wenn dort sein VfB im Trainingslager ist!«

»Na ja, aber das mit der Oma und den ganzen Aquatolls und Aquadroms war halt auch schon lange ausgemacht. Dann versprichst du ihm eben im Gegenzug, dass ihr bald wieder ins Daimler-Stadion geht, vielleicht sogar wieder auf die Haupttribüne ...«

»Weil wir einen Geldscheißer zuhause haben, oder?«, knurrte Horst pflichtgemäß, ohne sich dabei jedoch auf eine stärkere Gegenwehr einzulassen.

»Also, abgemacht? Vom 30. März bis zum 6. April, eine Woche Elba?«

»Eine Woche Elba! Abgemacht!« Horst schlug fröhlich in die ausgestreckte Rechte seiner Claudia ein. »Da wollte ich schon immer mal um diese Jahreszeit hin. Bei denen ist es dann sicherlich schon Sommer, und das ganz ohne deutsche Touristen, klasse!«

»Fast ohne deutsche Touristen!«, ergänzte Claudia grinsend. »Bis auf vier: Zwei aus Ulm und zwei aus Heilbronn!«

33

»Ja, sag mal, was soll denn das?« Mit zorngerötetem Gesicht näherte sich der blonde junge Mann im rot-weiß-schwarzen Trainingsanzug den Parkplätzen beim Vereinsheim des VfB-Stuttgart. »Du willst doch wohl nicht schon gehen, oder? Und was ist mit meinem Auto? Das steht noch genauso da wie vor zwei Stunden!« Wütend schleuderte er dem kleinen grauhaarigen Mann die Worte entgegen, die dieser mit gelassener Miene zur Kenntnis nahm.

»Ich geh jetzt heim!«, erklärte er dem aufgebrachten Kicker achselzuckend. »Genug geschafft für heute!«

»Was heißt denn da ›genug geschafft‹? Und was ist damit?« Der Junge im Trainingsanzug deutete streng zu einem nicht mehr ganz neuen Fiat Topolino hinüber, der auf seltsame Art und Weise deplaziert, zwischen nagelneuen, frisch polierten und in der Sonne glänzenden Mercedes, BMW und Porsche-Sportwagen abgestellt war.

»Was soll damit sein?«, schüttelte der kleine Grauhaarige verständnislos den Kopf. »Das ist ein Fiat, und nicht einmal ein neuer.«

»Das ist mein Auto!«, schnaufte der Spieler erregt.

Der andere lachte trocken. »Auto? Das ist ein Witz auf Rädern, aber doch kein Auto!«

»Wie du das findest, das ist mir völlig einerlei. Es ist mein Auto, und damit basta!« Der Blonde machte einen weiteren drohenden Schritt auf sein Gegenüber zu.

»So was wasch ich nicht!«, gab der trotzig zurück und wich keinen Millimeter.

»Was heißt hier ›wasch ich nicht‹?! Das ist mein Auto, und das hast du zu waschen! Fertig!«

»Was ich zu waschen habe und was nicht, das bestimme immer noch ich!«

»Von wegen!«

»Aber sicher! Ich mach das schließlich freiwillig! Dazu kann mich keiner zwingen! Und deshalb lass ich mir auch nicht von dir vorschreiben, welche Autos ich wasche, und welche nicht!«

»Du machst alle Autos von den Lizenzspielern sauber! Das hast du ja bisher auch immer bei mir gemacht!«

»Also, so lange warst du ja nicht gerade im A-Kader dabei, Bürschle!« Der Grauhaarige verschränkte die Arme vor dem Oberkörper und bedachte den Spieler mit einem verächtlichen Blick. »Und jetzt, wo du im B-Kader rumstolperst, da musst du gar nicht glauben, dass ich für dich den Kasper mache! Und schon gar nicht bei solch einem Albtraum auf vier Rädern«, nickte er zu dem Fiat hinüber. »Für mich gibt's bloß Lizenzspieler, fertig! Ich frage mich sowieso, wie man mit so einem Auto überhaupt hier parken darf«, fügte er mit boshaftem Lächeln noch hinzu.

»Du elendes Granatenarschloch, du!« Der blonde Spieler ließ seine Trainingstasche auf den Boden fallen und packte seinen Kontrahenten derb an beiden Schultern. »Sonst einem hinterherrennen wie Falschgeld, Autogramme wollen und den guten Freund spielen, das ist mal wieder typisch für so einen! Und kaum geht's einem nicht so gut, da hat der Herr Autowäscher schon eine freche Klappe!« Er schüttelte den erschrockenen Mann heftig. »Du marschierst jetzt augenblicklich zu meinem Auto und machst es sauber, sonst ...«

Ein grelles Blitzlicht flammte plötzlich auf, begleitet vom trockenen Klicken einer Kamera. Noch ein Blitz, noch ein Klicken und wieder und wieder. Verblüfft ließ der Spieler die Arme sinken und starrte in das Teleobjektiv, das ihn gerade eben abgelichtet hatte.

»Ja der Herr Salvatore! Das ist aber nicht die feine englische Art«, kicherte da eine Stimme im Hintergrund. »Ist grade mal wieder das italienische Naturell mit uns durchgegangen, Herr Salvatore?«

Konsterniert wandte Andrea sich um und schaute in das feiste Gesicht eines korpulenten Enddreißigers, der sich vergnügt die Hände rieb. »Das gibt aber ein feines Bild für unseren Sportteil morgen! Du hast es doch sicher im Kasten, oder?«, bedachte er den Fotografen mit einem besorgten Blick.

Der bestätigte durch einen lässigen Wink und nickte selbstgefällig. »Was denkst du denn? Gestochen scharf und in Farbe! Wie immer halt!«

»Na dann!« Der Reporter atmete erleichtert auf. »Um was ist es denn dieses Mal gegangen, Herr Salvatore. Hat der Herr hier etwa kein Autogramm von Ihnen haben wollen, oder was?«, grinste er frech in die Runde.

Kalte Wut schoss in Andrea hoch. Er ballte die Fäuste, um sich in letzter Sekunde gerade noch eines Besseren zu besinnen. »Ach, leckt mich doch alle!«, presste er zwischen den geschlossenen Lippen hervor, nahm seine Sporttasche auf und beeilte sich, zu seinem Wagen zu gelangen.

»Das hat noch ein Nachspiel!«, schickte ihm der urplötzlich wieder erstarkte Wagenwäscher noch böse hinterher. Doch Andrea kletterte wortlos in sein Auto und fuhr mit quietschenden Reifen los, ohne die am Ort des Geschehens Zurückgebliebenen noch eines weiteren Blickes zu würdigen.

»Ende eines Nationalspielers!« kommentierte der Reporter mit bösem Grinsen. »Vom Ferrari-Himmel in die Fiat-Hölle! So schnell kann's gehen! Komm, Sportsfreund«, winkte er den Fotografen zu sich. »Wir müssen zurück in die Redaktion. Die werden sich freuen!«

34

»Ach, du liebes bisschen! Das darf doch wohl nicht wahr sein!« Horst deutete, Verzweiflung im Blick, durch die Windschutzscheibe seines Wagens nach draußen in die monumentale Bergwelt der Schweizer Alpen. Dort eröffnete sich ihnen ein prächtiges Panorama, das zu genießen ihnen jedoch im Augenblick etwas schwer fiel, denn von der Passhöhe des San Bernardino schlängelte sich die Straße in unzähligen Windungen hinunter ins Tal. Die Straße? Von wegen, die Blechkarawane! Das war der weitaus passendere Begriff! Stoßstange an Stoßstange quälte sich die Autoschlange im Schneckentempo den Berg hinunter, Zentimeter für Zentimeter. »Und ich hab gedacht, in Italien sei noch Vorsaison. Die fahren doch sonst alle immer erst an Pfingsten!« Er stellte den Motor ab und zog die Handbremse an. »Ende einer Urlaubsfahrt!«

»Ich wollte schon immer mal fahr'n, wenn alle fahr'n!«, alberte Protnik blöde aus dem Fond des Wagens, wo er es sich mit seinem Bebele gemütlich gemacht hatte.

»Ach hör doch auf!«, zischte der Wagenlenker säuerlich. »Wenn das so weitergeht, dann können wir gleich wieder umdrehen, wenn wir auf Elba sind. Denn in diesem Tempo, da geht das noch drei Tage!«

»Das wird sicherlich nachher wieder besser!«, versuchte Claudia ihren Ehemann zu beruhigen. »Das ist sicherlich nur der Rückstau von der Einmündung an der Autobahn, wo die Gotthard-Trasse auf die vom Bernardino trifft. Ab da geht's dann sicherlich wieder flotter!«

»Hoffen wir's mal! Bis dahin sind das auf jeden Fall noch gut und gerne zehn Kilometer, falls es nicht schon der Stau ist, der sich von der Grenze hereinzieht. Wieso können diese Schweizer aber auch nicht EU-Mitglieder sein!«

»Tja, so ist das halt! Aber ich denke, spätestens ab der Grenze wird's dann wirklich ruhiger. Die meisten werden an den Gardasee fahren.«

»Dein Wort in Gottes Gehörgang!«, sandte Horst einen flehentlichen Blick gen Himmel. »Ich bin erst beruhigt, wenn wir diese ganzen Zahlstellen da bei Mailand hinter uns gelassen haben. Tja,« nervös trommelte er mit den Fingern auf dem Lenkrad. »Vielleicht wär's am Ende doch gescheiter gewesen, die Osterferien auf der Alb zu verbringen, als hier im Stau zu stehen.«

»Wie man's macht, ist's falsch!«, trällerte Uschi fröhlich von hinten. Der schien ja (erstaunlicherweise) dieses Mal nichts, aber auch gar nichts, die gute Laune verderben zu können! »Stehen die vom VfB jetzt eigentlich auch da vorne irgendwo im Stau oder sind die schon gestern gefahren?«

»Die? Im Stau?« Horst schnaubte gequält. »Die sind geflogen! So einen Fußballstar kannst du doch nicht 1000 Kilometer im Bus durch die Gegend karren! Ich bitte dich! Völlig unter seiner Würde! Nein, nein, die sind vom Bodensee aus geflogen, direkt nach Elba. Sozusagen über die ganze Blechkarawane drüber. So ist das! Im Stau steht immer nur das Fußvolk!«

»Tja, irgendwas scheinen wir halt falsch zu machen«, seufzte Protnik hingebungsvoll. »Hättest du halt was Gescheites gelernt, damals ...«

»Madonna mia! Womit habe ich das verdient?!« Ein lautes Hupen von hinten unterbrach in diesem Moment ihren fruchtlosen Disput und ließ die Insassen des Meyerschen Autos zusammenzucken. »Was will denn der blöde Kerl da! Ach, guck mal, es geht ja weiter!« In der Tat hatte sich die Schlange mit einemmal ein entscheidendes Stück nach vorne verschoben. Hastig drehte Horst am Zündschlüssel und startete den Motor neu. »Und sie bewegt sich doch!«

»Elba, wir kommen!«

35

»Michael ...« Mit leichenblassem Gesicht lehnte Uschi an der Hafenmole von Piombino. »Mir ist so schlecht! So entsetzlich schlecht!«, keuchte sie mit brüchiger Stimme. »Ich glaube, ich muss mich ...« Der Rest des Satzes wurde von einem qualvollen Würgen und Stöhnen erstickt.

»Das arme Bebele: Steht hier im Vorhof der Hölle und kotzt sich die Seele aus dem Leib!«, kommentierte Horst genauso nüchtern wie mitleidslos.

»Also, Horst!« Claudia gab dem Schandmaul einen Klaps auf den Hinterkopf und musterte ihren Ehemann tadelnd. »Einmal im Leben könntest auch du ein bisschen taktvoller sein, oder?«

Der so Gemaßregelte zog unbeeindruckt die Mundwinkel nach unten. »Ist aber doch so! Guck dich doch um, Piombino! Das ist wirklich nicht die schönste Stadt von Italien, oder? Was meinst du, Michael? Kaum zu glauben, dass das Paradies namens Elba grade mal zehn Kilometer entfernt sein soll!«

Protnik wackelte langsam mit dem Kopf und schaute sich bekümmert um. In der Tat fühlte man sich auf der heruntergekommenen Hafenanlage von Piombino der Hölle ein ganzes Stück näher als dem Himmel, der sich zu allem Überfluß hinter einem trüben dunstverhangenen Schleier versteckte. Wohin man auch blickte, überall ragten riesige, halb verrostete Industriehallen in die Höhe, aus deren dicken hohen Schornsteinen unablässig gelbe und schwarze Rauchschwaden quollen. Dazu kam ein durchdringender Gestank aus Schwefelwasserstoff mit Abgasen, der nicht nur die Nase, sondern auch die Bindehaut empfindlich quälte. Und inmitten der so wenig romantischen Umgebung dann auch noch das Bebele, dessen Körpergewicht von Sekunde zu Sekunde geringer wurde. Mit zitternden Händen fingerte Protnik ein großes Taschentuch aus der Hose und wischte sich erschöpft den Schweiß von der Stirn. »Das ... das ist ja unglaublich! Wo sind wir hier?«, stammelte er fassungslos.

»Tja, mein Lieber, das ist Piombino! Die Perle der Toscana!«, grinste Horst sarkastisch. »Immerhin wird hier schon seit Jahrhunderten, wenn nicht Jahrtausenden, Eisenerz gekocht. Und die Herzöge von Piombino haben mit Argusaugen über ihre Stadt gewacht, denn dadurch sind sie reich geworden! Du siehst also, nicht jeder steht dieser Stadt so negativ gegenüber wie du!«

»Aber ich bin zum Urlaubmachen hierher gekommen, nicht zum Stahlkochen! Du meine Güte, wenn man das hier so sieht!« Protnik drehte sich kopfschüttelnd um die eigene Achse. »Da würdest du in Deutschland schon längst im Knast sitzen, wenn du einen solchen Stinker betreiben würdest wie die Kerle hier!«

»Worin ich mir nicht mal so sicher wäre!«, knurrte Horst. »Bei uns macht man das dezenter, nicht so vordergründig wie die hier. Aber ich fürchte, bei uns läuft wesentlich mehr in Sachen Umweltsauerei als hier. Nur, anders eben! Und was ich nicht weiß, macht mich nicht heiß! Die alte Devise eben!«

»Sagt mal, habt ihr denn keine anderen Sorgen, als euch über Umweltstandards zu unterhalten, während es der Uschi hier dermaßen schlecht geht?« Claudia, die der erschöpften Uschi sanft die Schultern massierte, funkelte die beiden Kommissare zornig an. »Jetzt kümmere du dich halt mal um die arme Uschi, Michael!«

»Aber du bist doch hier die Ärztin!«, sprang Horst seinem Kollegen zur Seite. »Du weißt doch besser, was zu tun ist.«

»Zum Beispiel könnte der Michael ein Handtuch aus dem Koffer nehmen und es nass machen! Das wäre auf jeden Fall besser, als hier herumzustehen!«

»Mach ich! Ja! Sofort!« Eilig wandte sich Protnik um und öffnete den Kofferraum des Wagens.

»Und du! Du solltest nicht so schadenfroh grinsen!«, donnerte Claudia eine weitere Breitseite in Richtung ihres Mannes.

»Ich? Jetzt bin womöglich ich wieder an allem schuld, oder wie?«, legte sich Horst mit Unschuldsmiene die Hand auf die Brust. »Ich hab ihr ja gleich gesagt, dass sie die Fischsuppe nicht essen soll! In dieser Kaschemme aber auch! Aber nein! Sie kann ja auf niemanden hören, wenn sie Hunger hat! Tja«, er warf einen kritischen Blick zu dem Häufchen Elend hinüber, das beim Stichwort Fischsuppe einen jammervollen Seufzer ausgestoßen hatte. »Und jetzt? Jetzt haben wir den Salat!« Horst hatte mit Engelszungen auf das Bebele eingeredet, doch es war vergeblich gewesen. Kaum hatten sie die Autobahn verlassen und waren auf die Straße zum Fährhafen nach Piombino eingebogen, da hatte die auch schon kategorisch festgestellt, dass der Hunger sie quäle und sie dem sofortigen Exitus anheim falle, wenn sie nicht postwendend etwas zum Essen bekäme. Bei dem »Lokal«, das sie sich ausgeguckt hatte, hatte es sich um das sprichwörtliche Erstbeste gehandelt, in dem sich die Meyers nur allzu gerne lediglich mit einem Viertel korkigen roten Weins begnügt hatten, während Protnik sich an einer Pizza zu schaffen gemacht hatte, deren bloßer Anblick auch den letzten Rest eines Hungergefühls bereits im Anflug erstickt hatte. Doch dank seines geradezu sprichwörtlichen Elefantenmagens schien der den Anschlag auf seine Verdauungsorgane unbeschadet überstanden zu haben, während das Bebele nach dem Genuss der offenbar doch nicht mehr ganz taufrischen Fischsuppe schwer in den Seilen hing.

»Es ist jetzt halt, wie es ist. Die Uschi braucht einfach eine Auszeit und wird sich dann gleich im Hotel ins Bett legen, wenn wir endlich dort angekommen sind!« Claudia musterte das Geschehen im Fährhafen kritisch. »Na hoffentlich lassen die uns jetzt bald hinein!«

»Doch! Glaub ich schon! Schau mal«, deutete Horst auf eines der dicken bauchigen Schiffe mit dem aufgemalten Walfisch an der Seite. »Die öffnen grade die Heckklappe. Ich denke, jetzt geht's dann gleich los!«

»Ich weiß bloß nicht, ob ich die Überfahrt überleben werde!«, keuchte das Bebele elend. »Wo ich doch sowieso immer seekrank werde. Und dann noch das mit meinem ...« Wieder erstickte der Rest der Worte in qualvollem Würgen. Horst zog es vor, sich rasch zur Seite zu drehen.

»So, das hätten wir!« Protnik kam eilig herbeigelaufen und schwenkte stolz das nasse Handtuch, das er seiner leise wimmernden Lebensgefährtin vorsichtig in den Nacken legte. »Alles wird gut! Du wirst schon sehen!«

»Aber wann?«, schniefte die von ihren Magennerven gepeinigte Sekretärin jammervoll in ihr Taschentuch.

Der Kurzurlaub auf Elba begann ja verheißungsvoll: Erst der Stau durch die halbe Schweiz hindurch, jetzt die fischsuppenvergiftete Uschi – was kam als nächstes?

»Du, schau mal!«, stupste Claudia ihren Mann in die Seite. »Sind das da vorne nicht die Salvatores?«, deutete sie nach vorne auf einen roten Lancia, der in diesem Moment über die Rampe in das Innere der Fähre rollte.

»Ja, schon möglich!«, nickte Horst. »Die wollten schließlich auch gestern oder heute runter fahren. Dann haben wir wenigstens ein bisschen Gesprächsstoff auf der öden Überfahrt!«

Der Kommissar war gespannt darauf zu erfahren, was sich in den letzten beiden Wochen bei den Salvatores getan hatte. Unabhängig von den Dingen, die da in den Zeitungen standen.

36

»Das ist doch immer wieder schön, wenn man sich mit der Fähre so langsam dem Hafen von Portoferraio nähert!« Claudia hielt den Oberarm ihres Mannes fest umschlungen und strahlte mit der Sonne um die Wette.

»Wo du Recht hast, hast du Recht!«, nickte Horst begeistert und genoss den Anblick der alten elbanischen Festung, die sich imposant und romantisch immer deutlicher in ihr Blickfeld schob. »Ich weiß gar nicht, weshalb der Napoleon von dieser Insel damals wieder geflohen ist. Also ich an seiner Stelle wäre da geblieben!« Er breitete die Arme aus und lächelte zu Guiseppe Salvatore hinüber, der tatsächlich zusammen mit seiner Frau Emilia dieselbe Fähre benutzte wie die vier anderen. »Und an deiner Stelle würde ich auch wieder hierher ziehen, anstatt den ganzen Stress in Deutschland über mich ergehen zu lassen!«

Guiseppe grinste matt zurück. »Das kommt schon noch, keine Bange. Aber erst einmal muss ich genügend Geld in Deutschland zusammensparen, dann erst geht's zurück. Ich hab gemeint, das würde ich bis in fünf Jahren schaffen, aber jetzt«, ein Schatten huschte über seine Miene. »Wenn ich den LKW selber bezahlen muss, Totalschaden, also das haut mich glatt um drei, vier Jahre zurück! Der war ja erst ein dreiviertel Jahr alt!«

»Wieso selber zahlen? Du meinst die Sache an der ›Via Mala‹ neulich? Das war doch ein Unfall!«

»Sagst du! Weil ich dir das so erzählt habe. Aber die Schweizer, die sind immer noch der Meinung, dass ich fahrlässig gehandelt hätte und die Reifen vor der Weiterfahrt genauer hätte anschauen müssen!« Er runzelte düster die Stirn. »Und wenn das so ist, dann bezahlt auch die Versicherung nicht. Grobe Fahrlässigkeit und so!«

Horst kamen bei diesen Worten schlagartig zwei Sachverhalte in den Sinn: Zum einen begriff er jetzt, weshalb das Gespräch mit den sonst so freundlichen und jovialen Salvatores doch ziemlich mühsam und stockend verlaufen war, zum anderen hatte er (verdammt noch mal!) im Dickicht der Alltagsroutine doch tatsächlich die Anfrage an die Schweizer Kollegen wegen des Unfalls vergessen. Einfach vergessen! Verpennt! Er würde es nachholen, sobald sie wieder zuhause waren. »Na, mal abwarten, Guiseppe! Da ist das letzte Wort noch lange nicht gesprochen! Da bin ich mir sicher!«

»Selbst wenn! Das dauert und dauert! Und so lange warte ich auf mein Geld! Deshalb werde ich wohl nicht anders können, als demnächst einen Teil von meinem bisher Ersparten zu nehmen, um damit einen neuen LKW zu finanzieren. Gott sei Dank habe ich es noch nicht in unser Häuschen hier gesteckt! Dann würde ich nämlich ganz schön alt aussehen! Als wenn wir gerade nicht Probleme genug hätten!«, setzte er noch bekümmert hinzu.

»Uschi! Hier!« Die laute, sorgenvolle Stimme von Michael Protnik unterbrach ihr Gespräch. Aus den Augenwinkeln konnte Horst erkennen, dass es sein Kollege gerade noch geschafft hatte, einen Plastikeimer vor Uschi zu bugsieren, die mit vorgebeugtem Oberkörper nunmehr den Anschein erweckte, als würde sie sich ausgesprochen stark für den Boden des Eimers interessieren. Wenn da nicht noch die krampfartigen Zuckungen wären, die begleitet von leisem Stöhnen, durch Uschis Körper zu wandern schienen.

Wie war das noch? »Alles wird gut?« Aber wann?

37

»Komm, Uschi! Gleich haben wir's geschafft!« Fürsorglich legte Michael Protnik den Arm um seine Lebensgefährtin und schob sie mit sanftem Druck auf den Rücksitz des Wagens.

»Schon gut! Ich habe verstanden!«, warf er anschließend einen zornigen Blick in Richtung seines Kollegen, der die Einsteigeprozedur stumm, aber mit kritischem Blick beobachtete. Unwirsch ergriff der Sputnik den Plastikeimer, auf den Horst kurz zuvor gebieterisch gedeutet hatte, und beeilte sich, neben dem Bebele Platz zu nehmen.

»Also wirklich! Horst! Ein bisschen diplomatischer hättest du schon sein können!«, knuffte Claudia ihren Mann in die Seite.

»Was heißt denn hier diplomatischer? Ich hab ihm doch nur bedeutet, dass er gefälligst den Eimer mitnimmt, für den Fall des Falles! Was ist denn daran undiplomatisch? Soll ich mir etwa lieber das Auto vollreihern lassen oder wie?«

»Nein, natürlich nicht! Aber man kann das auch ...«

»Halt mal die Luft an!«, legte Horst hastig seine Hand auf Claudias Unterarm.

»Schau mal da drüben! Den kennen wir doch, oder?«

Er nickte zum Parkplatz des Hafengeländes hinüber, wo ein Mann mit dunkler Sonnenbrille an einem zitronengelben Auto lehnte.

»Was ist da? Ein Italiener mit Sonnenbrille, na und? Was ist mit dem? Ein Italiener ohne Sonnenbrille, das wäre doch schon wesentlich interessanter, oder!«, zeigte sich Claudia der Frage gegenüber verständnislos.

»Aber das ist doch der von neulich, den hast du doch auch gesehen, beim VfB damals. Dieser Spinner mit seinem SEX-Kennzeichen! 1893! Der Garbaldo!«

»Ach der!« Claudia tippte sich vielsagend an die Stirn. »Der scheint offensichtlich keinen Tag ohne den VfB Stuttgart verbringen zu können! Leute gibt's ...«

»Na, wenn das alles wäre, dann wäre ich zufrieden«, knurrte Horst misstrauisch. »Also, wenn das ein Zufall ist, dann heiße ich Egon. Steht der ausgerechnet dann hier am Fährhafen, wenn wir ankommen.«

»Jetzt sag bloß noch, dass du glaubst, der hätte auf uns gewartet! Also wirklich! Horst!«

»Quatsch! So sehr hat mich der Verfolgungswahn dann auch wieder nicht gepackt! Aber ist es nicht merkwürdig, dass der genau zu dem Zeitpunkt hier ist, an dem die Salvatores ankommen! Mist!« Horst duckte sich rasch. »Ich fürchte, jetzt hat er mich gesehen!«

»Also doch Verfolgungswahn!«, konstatierte Claudia mit verzweifelter Miene. »Im nächsten Leben heirate ich einen Finanzbeamten, das schwöre ich dir!« Sie stieg in den Wagen und startete den Motor. »Jetzt komm endlich, sonst lasse ich dich alleine hier zurück. Die Uschi muss ins Bett – und zwar schnell!«

Während Horst der Not gehorchend zähneknirschend tat, wie ihm geheißen wurde, folgte ein zitronengelber Lamborghini langsam und mit gebührendem Abstand einem roten Lancia mit Heilbronner Kennzeichen.

38

»Da, schau mal!« Michael Protnik deutete hinunter auf die Trainerbank der Gäste. »Scheint fast so, dass unser Jungstar seine Chance bekommt!« Mit strengem Gesichtsausdruck brachte er gleichzeitig einen hageren Italiener zur Räson, der euphorisch mit einer Fahne vor den beiden herumwedelte.

»Na, wenigstens etwas!«, knurrte Horst verdrießlich. Das Spiel im Stadion von Portoferraio zwischen Juventus Turin und dem VfB Stuttgart hatte die Zuschauer bislang wirklich nicht vor Begeisterung von den Sitzen gerissen. Noch nicht einmal die italienischen Zuschauer, und das, obwohl ihre Mannschaft gerade eben sogar mit 2:0 in Führung gegangen ist. Ein typisches Trainingsspiel eben, in der keiner der Spieler auch nur in die Nähe seines Leistungsvermögens zu gehen bereit war. Vorsichtiges Abtasten, ein paar mehr oder minder gelungene Tricks, und fertig war die Vorstellung. »Jetzt kann er denen zeigen, was er so drauf hat! Ist ja schon merkwürdig: Da stammen zwei Brüder letztendlich von dieser Insel. Der eine ist bei Juve unter Vertrag, der andere beim VfB, und keiner kann spielen. Wäre ja schon ein bisschen komisch gewesen, oder?

Der Lucca verletzt, der Andrea intern gesperrt! Das ist mit Sicherheit auch eine kleine Referenz an Elba, dass der Andrea hier eingesetzt wird. Ich hoffe nur, er begreift das und nutzt seine Chance!«

»Und ich hoffe sehr, dass ich mich beherrschen kann und diesem Fahnenheini da vor uns nicht noch an die Gurgel gehe!« Der Juventus-Fan hatte die Abmachung von gerade eben ganz offensichtlich längst wieder vergessen und schwenkte das schwarz-weiße Tuch genauso fröhlich wie unermüdlich hin und her.

Andrea hatte seine Trainingsjacke ausgezogen und präsentierte dem Schiedsrichterassistenten am Spielfeldrand die Stollen seiner Fußballschuhe. Wenige Sekunden später trabte er, begleitet vom freundlichen Beifall der Zuschauer, auf den Rasen. »Also dann, Junge! Zeig's ihnen allen!« drückte Horst dem jungen Spieler fest die Daumen.

»Da, schau mal, da drüben ist wieder der Typ mit dem Sportwagen! Der scheint ja wie eine Klette an den Stuttgartern dranzuhängen!« Protnik tippte sich mit dem Zeigefinger an die Stirn. »Man kann aber auch alles übertreiben, oder?«

»Schön wär's!«, wiegte Horst skeptisch den Kopf. »Mit dem Kerl stimmt etwas nicht, da bin ich mir sicher! Und siehst du, neben wem er da sitzt? Ich befürchte fast, dass das, was ich schon die ganze Zeit vermute, auch wirklich der Fall ist!«

»Und das wäre?«, erkundigte sich Protnik, der mit zusammengekniffenen Augen zu erkennen versuchte, was Horst zu dieser kryptischen Äußerung veranlasst haben könnte. »Ach so, die Salvatores! Das meinst du! Weil die neben dem Typen da sitzen?!«

»Erraten! Die Sache hat ein deutliches Geschmäckle, finde ich!« Horst rieb sich wie zur Bestätigung seiner Worte die Nase. »Wetten, dass dieser Garbaldo demnächst als neuer Berater von Andrea Salvatore präsentiert wird?«

»Du meinst ...«

»Meine ich! Der scheint die Eltern nicht mehr loszulassen und hat sich wie eine Zecke an die beiden angeflanscht! Wäre doch logisch, oder? Der Adoni ist draußen und dieser Sympathieträger da ist drin im Spiel!«

»Nein! Was macht denn der?!« Erregt ballte Protnik in diesem Augenblick die Fäuste. »Der steht rum wie Falschgeld und lässt sich ausspielen, als würde er gar nicht dazugehören!«

In der Tat hatte die Nummer 29 des VfB Stuttgart, also Andrea Salvatore, im Mittelfeld den Ball verloren und war beim Bemühen, sich das Leder zurückzuerkämpfen, von seinem Gegenspieler mit zwei brillanten technischen Raffinessen ausgespielt worden. »Das sieht ja weiß Gott nicht schön aus,« stöhnte nun auch Horst Meyer, in dem Mitleid mit dem Jungen aufstieg, der wie ein begossener Pudel dem Ball und seinem Gegner hinterherblickte. »Das ist kein schönes Gefühl, dermaßen ausgespielt zu werden! Da würde man am liebsten im Boden versinken. Und so was vor so vielen Leuten! Das muss schlimm sein!«

»Und jetzt kommt die Quittung! Pass auf!« Protnik wandte den Kopf zur Seite. »Ich mag's gar nicht sehen!« Und richtig, kaum hatte er es ausgesprochen, da zappelte der Ball begleitet vom Jubel der italienischen Fans hinter dem Torwart des VfB Stuttgart im Netz. »3:0! Das kann ja heiter werden!«

»In 20 Minuten ist's rum!«, warf Horst einen Blick auf seine Armbanduhr. »Ich hoffe schon, dass es bei den drei Eiern bleibt!«

»Bei der Abwehr?« Protnik stellte eine ordentliche Portion Skepsis zur Schau. »Und vorne keiner im Angriff, der für die nötige Entlastung sorgen könnte? Na, ich weiß nicht! Denen fehlt so ein Spieler wie damals der Strunz! Den hätten sie seinerzeit nicht verkaufen dürfen! Kannst du dich noch an den erinnern? He, was soll denn das?« Protnik sah sich mitten in seiner Rede urplötzlich von dem bislang eher harmlos scheinenden Fahnenschwenker attackiert. Der hatte nämlich wie aus heiterem Himmel die Fahne zur Seite gelegt und stieß den Sputnik ein, zwei Mal heftig mit der Hand gegen den Oberkörper, während allem Anschein nach düstere Bemerkungen aus seinem Mund quollen. Doch so sehr waren weder Horst und erst recht nicht sein aufs heftigste bedrängter Kollege der italienischen Sprache mächtig, um zu verstehen, welche Art von Laus dem Mann gerade über die Leber gelaufen war.

»Horst! Was soll denn das?! Was will der Kerl von mir!«, sandte Protnik einen verzweifelten Blick zu seinem Begleiter hinüber.

»Wenn ich das wüsste! He, lass das! Lass das bleiben!«, versuchte er den aufgebrachten Italiener von Michael Protnik abzuschütteln. Doch der hatte sich mittlerweile wie eine Zecke an dem Sputnik festgeklammert.

»Was brabbelt der denn da immer, Horst? Was will der denn bloß? Hör auf, du Blödmann!«, versuchte sich der Angegriffene krampfhaft, der wütenden Attacken zu erwehren.

»Warte mal!« Horst konzentrierte sich auf die fast unverständliche heisere Aussprache des erbosten Fahnenschwenkers, der seinem Opfer die immer gleichen Worte ins Gesicht schleuderte. »Wie heißt das? Strunzo! Der ruft die ganze Zeit Strunzo!«

»Na und?« Protnik keuchte mühsam. »Was hat der Strunz denn dem jemals getan? Und vor allem, was habe ich damit zu schaffen?! Lass das, du durchgedrehte Bandnudel! Jetzt wird mir's aber langsam zu bunt! Hör endlich auf damit!«

Doch die Wiederholung des Spielernamens schien die Aggressivität des Angreifers eher verdoppelt zu haben. »Strunzo! Strunzo!«, bellte er mit zorngerötetem Gesicht dem Kommissar entgegen, während er mit den Fäusten auf Protniks Schultern trommelte.

»He, hallo! Kann uns denn keiner helfen! Presto! Der Kerl ist ja völlig ausgerastet! Stupido!«, wandte sich Horst Hilfe suchend an die umstehenden Besucher, die von der Auseinandersetzung bisher mit amüsiertem Grinsen Kenntnis genommen hatten.

»Eh! Luiggi! Basta!« Ein kleiner braun gebrannter Mann in einem Juventus-Trikot hatte sich aus der Menge gelöst und legte dem Fahnenschwenker vorsichtig die Hand auf den Rücken. »Luiggi! Attenzione!« Ärgerlich drehte der den Oberkörper, um den Kleinen abzuschütteln, als er in diesem ganz offensichtlich einen guten Bekannten entdeckte. Und das Wunder geschah: Die Angriffswellen verebbten, während sich nunmehr ein erregter heiserer Disput entspann, von dem Horst bis auf den Begriff »tedesco« nicht das Mindeste verstehen konnte.

»Aha!«, nickte der Kleine schließlich befriedigt. »Basta!« gebot er dem Fahnenschwenker mit strenger Miene und setzte darauf in gebrochenem, aber immerhin verständlichem Deutsch zu einer Erklärung an. »Ein Fehler! Sbaglio! Ein Missverständnis! Il contrattempo! Scusi! Alles nur ein Missverständnis!«

»Missverständnis!«, schnaubte Protnik säuerlich. »Ich weiß ja nicht mal, was ich denn dem überhaupt habe sagen wollen!«

Der Juventus-Fan lächelte verlegen. »Das ist nur dieser Begriff: Strunzo.« Er warf einen vorsichtigen Blick auf den Fahnenschwenker, der bei der bloßen Erwähnung bereits wieder die Fäuste geballt hatte, um anschließend fortzufahren. »Das ist bei uns – und vor allem im mezzogiorno, wo der collega hier herkommt ein ganz übles Schimpfwort. Strunzo – ist eine große Beleidigung, das hat er falsch verstanden: Falsche combinazione, verstehen Sie mich?«

»Si«, nickte Horst erstaunt. »Aber davon ist doch gar nie die Rede gewesen! Mein Bekannter hier, der hat doch nur über einen Fußballspieler gesprochen. Einen deutschen Fußballspieler mit Namen Strunz, den es einmal beim VfB Stuttgart gegeben hat.«

»Und danach noch bei den Bayern«, knurrte Protnik verstimmt, während er den von ihm mutmaßlich so übel Beleidigten weiterhin genau im Visier behielt.

»Falsch verstanden!«, lächelte der Italiener milde. »Scusi! Eh, Luiggi!«, bedeutete er daraufhin dem impulsiven Südländer, es ihm nachzutun. »Es tut ihm leid! Scusi, signore!«

Wenig überzeugt schüttelten sich die beiden Kontrahenten die Hände, wobei sie sich Mühe gaben, konzentriert am jeweils anderen vorbei in die Ferne zu schauen.

»Na bitte! Wenigstens etwas!«, brummte Horst zufrieden. Ob er damit die Versöhnungsgeste meinte oder die Tatsache, dass der VfB mittlerweile den Ehrentreffer erzielt hatte, war und bleibt dabei Interpretationssache.

39

»Also, diesmal sind wir dabei, damit nicht wieder irgend etwas passiert! Euch beide kann man ja wohl keine fünf Minuten alleine lassen! Unglaublich! Nur ja keine Schlägerei vermeiden, was?« Das Bebele! Wie sie leibte und lebte! Ganz offenkundig wieder im Vollbesitz ihrer Kräfte (und ihrer Zunge!).

»Da hast du's, Michael! Hätten wir den Mund gehalten und nichts erzählt! Dir scheint es ja schon wieder blendend zu gehen, Uschi! Giftzähne neu geschliffen, oder wie?«

»Horst!« wies Claudia ihre bessere Hälfte mit Tadel in der Stimme zurecht.

»Auch noch Geheimnisse vor uns haben wollen, wie?« Kritisch zog das Bebele die Augenbrauen zusammen. »Aber nicht bei uns, stimmt's Michael?«

»Stimmt!« knurrte der so Angesprochene verlegen. »Aber wer hätte denn auch ahnen können, dass dieser Fahnendepp da völlig ausrastet, nur weil ich einen deutschen Spielernamen erwähne? Die spinnen, die Italiener!«

»Michael! Bitte! Nicht so laut! Nicht gleich wieder die nächste Randale! Sei bloß froh, dass der Kleine da hinter uns einigermaßen der deutschen Sprache mächtig gewesen ist!«

»Ist doch wahr! Da kannst du nicht mal ganz normal über irgendwelche Fußballspieler reden und schon hängt dir irgend so ein Ittaker am Kragen!«

»Michael! Es reicht!«

»Also, wie ist das jetzt? Wir fahren also alle zusammen hinein?«, mischte sich Claudia vorsichtshalber in den Disput, um die beiden Männer auf andere Gedanken zu bringen.

»Na klar!«, nickte das Bebele entschieden. »Wie gesagt, nicht dass da noch mal ...«

»Uschi! Nicht wieder von vorne!«

»Schon gut, schon gut! Also, zwei Freikarten haben wir ja, dann müssen wir noch zwei Karten bezahlen! Wird so sein wie immer in Italien, da kriegst du die Hälfte umsonst und dafür musst du die andere Hälfte doppelt und dreifach blechen!«

»Sei doch nicht immer so negativ, Uschi!« Horst fragte sich – wie eigentlich immer bei gemeinsamen Unternehmungen der Meyers mit den beiden anderen –, welcher Teufel ihn nur bei der Entscheidung geritten hatte, sich wieder einmal auf einen Urlaub zusammen mit seiner ehemaligen Sekretärin einzulassen. »Jetzt finde das doch einfach nett und schön, dass die uns im Hotel zwei Freikarten für das Schaubergwerk in Porto Azzuro ins Fach gelegt haben!«

»Weil die genau wissen, dass wir vier Personen sind und dass die anderen dann halt zahlen!« Die Fischsuppenvergiftung war tatsächlich überstanden, hörbar für alle ohne die geringsten Beeinträchtigungen!

»Na, wie auch immer, wir lassen uns das nicht entgehen! Basta!«, klatschte Claudia fröhlich die Hände zusammen und stupste das verdrießlich vor sich hin starrende Bebele aufmunternd in die Seite.

»Du, sag mal«, deutet Protnik durch die Frontscheibe ihres Wagens nach vorne auf eine spätmittelalterliche Befestigungsanlage von enormen Ausmaßen, die beeindruckend über dem Hafen von Porto Azzuro thronte. »Wie heißt denn das Fort da oben? Kann man da hochgehen?«

»Hoch vielleicht schon, aber mit dem Runterkommen wird's schwierig!«, gab sich Horst rätselhaft.

»Sind wir jetzt beim Ratespiel oder kannst du einem auch ausnahmsweise einmal eine vernünftige Antwort auf eine ganz normale Frage geben? Was meinst du denn mit den Schwierigkeiten beim Runterkommen?«

»Ganz einfach, das ist ein Gefängnis dort oben! Der berüchtigste Knast von ganz Italien ist das!«

»Ein Gefängnis?! In so einer Lage?« Uschi legte die Stirn in Falten. »Kaum zu glauben ...«

»... aber wahr!«, wurde sie von Horst unterbrochen. »Das ist wirklich ein ganz übler Knast, für lauter schwere Jungs, wie man hört. Ich weiß gar nicht, wie das heute heißt, aber früher, da hat man das Gefängnis nach der Stadt hier genannt. Longone! Das war in ganz Italien das Synonym für ein Zuchthaus der wirklich üblen Art. Aber weil dann nach dem Zweiten Weltkrieg der Tourismus für Elba immer wichtiger geworden ist, haben die gemerkt, dass es sich nicht grade positiv auf die Urlauberzahlen auswirkt, wenn ein Urlaubsort genauso heißt wie der berüchtigste Knast im ganzen Land. Und so hat man halt einfach die Stadt Longone in Porto Azzuro umgetauft!«

»Klingt ja schließlich auch besser!«

»Und vor allem denkt kein Mensch mehr bei Porto Azzuro an das Zuchthaus Longone. Das war wirklich kein schlechter Schachzug damals!«

»Aber da oben sind wirklich nach wie vor die schweren Kaliber eingesperrt?!«, kam Uschi aus dem Staunen nicht heraus.

»Allerdings«, bestätigte Horst. »Das ist natürlich die schlimmste Stufe der Folter hier: Dieser Wahnsinnsblick aus dem Zellenfenster über die Bucht von Naregno, das Meer und auf die ganzen Leute, die hier fröhlich Urlaub machen, während du da oben im finsteren alten Kasten schmorst!«

»Graf-von-Monte-Christo-mäßig!«, pflichtete Protnik seinem Kollegen bei.

»Du sagst es! Und überdies, Monte Christo ist ja gar nicht so weit entfernt von hier. Ist auch eine von den toskanischen Inseln, zu denen Elba gehört!«

»Du hättest Fremdenführer werden sollen, weißt du das?!«

»Gar keine so schlechte Idee! Wer weiß? Vielleicht kotzt mich das ganze Gejammere in Deutschland irgendwann tatsächlich so an, dass ich meine Sachen packe und hier auf Elba – oder sonst wo in Italien – den Fremdenführer für frustrierte Touristen aus dem kalten Norden spiele. Ein bisschen Schafskäse, Olivenöl und ein guter Rotwein, das langt doch, was braucht man denn eigentlich mehr?«

»Na, na! Immer langsam mit den jungen Pferden! Mich gibt's schließlich auch noch!«, meldete sich Claudia nachdrücklich zu Wort.

»Du kommst natürlich mit, ist doch klar!«

»Und die Kinder?«

»Die wachsen in Italien auf! Es gibt schlechtere Flecken auf der Erde, als Italien, oder?«

»Ich sage nur Berlusconi ...«

»...und was ist mit Kohl, oder dem Müllskandal in Nordrhein-Westfalen, oder mit ...«

»Sagt mal, sind wir hier im Bundestag, oder was? Ich denke, wir haben Urlaub und sind nicht auf einer Studienreise der Landeszentrale für politische Bildung!« Uschi richtete den Blick kopfschüttelnd vom einen zum anderen. »Aber um noch mal auf das Gefängnis da oben zu kommen: Soll das da bleiben? Da könnte man doch ein super-trouper Hotel draus machen!«

»Könnte man, da hast du Recht! Aber wollen muss man und da habe ich bisher nichts gehört! Vielleicht ist es wirklich so, dass die italienische Justiz dies als eine Art Strafverschärfung ansieht, wenn sie einen der schweren Jungs hier einlocht: Mit Blick aufs Urlaubsparadies! Wer weiß. Ach, schaut mal, jetzt sind wir da, und so wie es aussieht, sind wir nicht die Einzigen!«

In der Tat präsentierte sich der Parkplatz vor dem Schaubergwerk »la piccola miniera« von Porto Azzuro gut bestückt mit Autos, die vorwiegend deutsche Nummernschilder aufwiesen. Und auch am Kassenhäuschen standen die Menschen Schlange. Nur langsam ging es voran.

»Mann oh Mann! Vorsaison!«, stöhnte Protnik. »Die scheinen ihre Freikarten gleich tonnenweise verteilt zu haben!«

»Immer mit der Ruhe! Ist ja klar, das Meer ist noch zu kalt zum Baden, deshalb macht man den einen oder anderen Ausflug wie hierher ins Schaubergwerk. Du wirst sehen, das geht trotzdem recht schnell!«, beruhigte Horst den ungeduldigen Kollegen.

»Dein Wort in Gottes Gehörgang!«, brummelte der wenig überzeugt. »Da guck mal, hast du das grade gesehen?«, deutete er über den Parkplatz zu einem zitronengelben Wagen hinüber. »Das ist doch nicht etwa der Lamborghini von unserem Spinner, oder? Was meinst du?«

»Warum eigentlich nicht? Der will sich halt auch noch ein paar schöne Stunden machen, wenn schon das Fußballspiel gestern nicht ganz so berauschend gewesen ist!«, zuckte Horst mit den Schultern.

»Tja, der arme Andrea kann einem langsam leid tun!«, nickte Claudia mitfühlend. »Ich hab gehofft, dass der hier auf Elba allmählich wieder aufblüht. Aber das, was ich von euch über seine gestrige Leistung gehört habe, gibt nicht unbedingt Anlass zum Optimismus!«

»Abwarten! Das war einen Tag nach der Ankunft. Ich denke, der braucht noch ein paar Tage zum Auftanken, dann wird das schon wieder werden«, gab sich Horst zuversichtlich. »Wo doch sogar sein Bruder morgen wieder vorsichtig mit dem Training beginnen wird. Das hat der Lucca uns selber gesagt, gestern. Du wirst sehen, das wird denen schon einen Schub versetzen, die familia, das Klima hier, das gute Essen …«

»Hoffen wir's! Aber sehr glücklich hat er auf mich dennoch nicht gewirkt. Eher bedrückt, irgendwie müde und depressiv!«

»Stimmt!«, pflichtete Horst ihm bei. »Und als du ihn auf den Kerl im gelben Lamborghini angesprochen hast, da ist er sogar regelrecht zusammengezuckt. Erst recht dann, als du ihn ganz direkt gefragt hast, ob dieser Mensch denn nun der neue Manager von Andrea werden soll! Ich denke beinahe, da hast du mitten ins Schwarze getroffen, bei so einer Reaktion!«

»Scheint mir fast auch so! Aber wir können jetzt noch so lange da stehen und uns in Rätseln ergehen, das allein bringt uns auch nicht weiter. Und deshalb jetzt erst mal hinein in die Unterwelt!« Protnik legte seine Pranken auf Horsts Schulter und schob den Kollegen mit sanftem Druck durch den Eingang am Kassenhäuschen hindurch. »Und sie bewegt sich doch! Wie hieß der Kerl noch mal, von dem dieses Zitat stammt?«

»Galileo!«, verdrehte Horst in gespielter Verzweiflung die Augen. »Galileo Galilei, italienischer Naturwissenschaftler des 17. Jahrhunderts!«

»Dacht ich mir's doch! Schon wieder so ein Ittacker! Donnerwetter, bei denen war aber früher ganz schön was geboten, das muss man denen lassen!«

»Und ich bin mal gespannt, wann du den Nächsten bei dir am Kragen hängen hast, mit deinem ewigen Ittacker! Das hören die hier nämlich gar nicht gerne!«, wies Horst seinen Freund auf die Gefahren ihres Italien-Aufenthaltes hin.

»Humor haben die auch keinen«, knurrte der und deutete auf den kleinen Bummelzug, der die Besucher in das Innere des Schaubergwerks bringen sollte. »Und außerdem sind sie alle viel zu klein. Da, guck mal! Da brauche ich ja einen Dosenöffner, um wieder rauszukommen, bei den Abmessungen! Die gehen anscheinend immer nur von sich aus!« Mühsam quetschte Protnik seine Leibesfülle in eines der Wägelchen hinter der Lokomotive. »Also dann, von mir aus kann es losgehen! Ich hoffe ja nicht, dass mir unterwegs auch noch der Fuß einschläft!«, brummelte er munter weiter.

»Nie wieder zu viert, das schwöre ich dir!«, raunte Horst ins Ohr seiner Frau und bestieg mit Claudia zusammen den nächsten Wagen.

Gemächlich setzte sich der Zug in Bewegung. Bald schon waren die Besucher von völliger Dunkelheit umgeben, die ab und zu von einem beleuchteten Abschnitt unterbrochen wurde.

»Ach, das sieht aber schön aus!, frohlockte das Bebele begeistert, als sie an einer Nische vorbeizuckelten, in der einige lebensgroße Puppen in Bergmannstracht zu sehen waren, die gerade an einem derben Tisch ihre Brotzeit einzunehmen schienen. »Essen unter Edelsteinen! Wie romantisch!«, ließ sich Uschi erneut vernehmen. »Man möchte sich am liebsten dazusetzen.«

»Genauso stumm, das wäre herrlich!«, flüsterte Horst mit gequälter Miene. »Dann hätten wir ...« Er unterbrach sich abrupt, was war das denn?! Halluzinationen? Was sollte das bedeuten? Hatte er richtig gesehen oder spielte ihm seine Wahrnehmung einen Streich? Das konnte doch nicht möglich sein: Eine der Puppen hatte sich bewegt, er hatte es ganz genau gesehen! Ein Gag der Bergwerksbetreiber? Möglich! Aber nein! Das Gesicht des Bergmannes! Dieses Gesicht! Das war doch ... den kannte er doch! Das konnte aber gleichwohl nicht möglich sein! Horst duckte sich instinktiv und packte Claudia derb an der Schulter, um sie zu sich hinunter zu ziehen!

»Protnik! Deckung!« Der Tonfall seines Ausrufs sorgte für die richtige Reaktion. Gott sei Dank! Nur einen Sekundenbruchteil später wäre es zu spät gewesen! Ein greller Blitz zuckte durch den Stollen, gefolgt von einer höllischen Detonation, die schmerzhaft durch das Trommelfell peitschte. Danach breitete sich Stille aus, völlige Stille! Beklemmende, furchterregende Stille. Langsam nur kam das Leben in die völlig unvorbereiteten und schockierten Menschen zurück. Die ersten Kinder begannen zu weinen, Frauen kreischten, während sich der Zug immer schneller in Bewegung setzte.

Offenbar hatte der Lokführer beschlossen, die Stätte der merkwürdigen Detonation so schnell wie möglich zu verlassen: Nur fort, weg, heraus aus der angsteinflößenden Dunkelheit!

»Michael! Spring ab! Ich weiß, wo er ist!« Noch während er die Aufforderung zu seinem Kollegen hinüberbrüllte, ließ sich Horst aus dem Wagen fallen. Ein stechender Schmerz durchzuckte beim Aufprall auf den harten Felsboden seine linke Schulter, doch es blieb keine Zeit, um sich darüber Gedanken zu machen. Schemenhaft nahm der Kommissar wahr, dass Protnik seiner Aufforderung gefolgt war und sich gerade eben mühsam hochrappelte.

»Dort drüben, Michael! Der Kerl muss noch dort drüben sein! Ich habe ihn ganz genau gesehen!«

Eilig stürmten sie in die nur noch spärlich beleuchtete Nische, in der die Mehrzahl der Lampen während der Detonation zu Bruch gegangen war. Aus den Augenwinkeln nahm Horst eine Bewegung wahr. »Da, Michael! Da ist er! Er will nach vorne verschwinden!«

Er hatte seinen Zuruf kaum beendet, da war ein Fluch zu hören, verbunden mit einem dumpfen ploppenden Geräusch, als wenn ein Mehlsack auf die Erde gefallen wäre. Noch ein Fluch, auf italienisch, gefolgt von einem lauten Schmerzensschrei.

»Ich hab ihn, Horst! Ich hab ihn am Wickel! Komm her und hilf mir! Der Kerl schlägt um sich, wie ein Raubtier! Na warte, Freundchen!« Ein neuerlicher spitzer Schrei ließ Horst vermuten, dass sein Kollege die Lage bereits sicher unter Kontrolle hatte und den Attentäter mit eisenhartem Griff in die Zange nahm. Sie hatten ihn! Der Kommissar konnte es kaum erwarten, bis er dem anderen gegenüber sitzen und erfahren würde, was es mit dem Anschlag auf sich hatte und wie sich das alles mit den jungen Fußballspielern verknüpfen ließ, falls es sich verknüpfen ließ.

40

Über das faltige Gesicht von Guiseppe Salvatore huschte ein befriedigtes Lächeln. »Das war gut! Das war wirklich gut! Also das müsst ihr der italienischen Polizei lassen. Wenn die etwas herausbekommen wollen, dann bekommen sie es auch heraus! Da ist es aus mit der Vornehmheit, da herrschen dann andere Sitten!«

»Womit du Recht hast! Mein lieber Mann!«, nickte Horst nachdenklich und versuchte, das unangenehme Gefühl zu verscheuchen, das ihn während der vergangenen Stunden in der Carabinieri-Kaserne von Porto Azzuro beschlichen hatte. »Der Kerl hatte wirklich keine Alternative, als alles auszuspucken, was er wusste!«

»Weil er sonst am Ende noch seine eigenen Zähne aus dem Mund gespuckt hätte, so wie die mit dem umgesprungen sind«, pflichtete ihm Michael Protnik bei. »Du liebe Güte, und ich habe immer gedacht, solche Verhörmethoden gäbe es nur im Osten!«

»Man lernt halt nie aus!«, kicherte Guiseppe zufrieden. »Immerhin, wir wissen jetzt, was Sache ist, basta! Der Zweck heiligt die Mittel – manchmal jedenfalls! Und im übrigen«, seine Miene verfinsterte sich, »wenn ich daran denke, was der meinen Jungs angetan hat – Lucca vor allem«, er ballte die Fäuste, »dann sind die noch viel zu gut mit dem Kerl umgesprungen! Basta!«

Horst suchte den Blickkontakt mit seinem Kollegen, doch der zuckte wegwerfend mit den Schultern. Was sollte man auch schon sagen? Und in der Tat, sie wussten jetzt wirklich, welch übles Spiel da in den letzten Wochen mit der Familie Salvatore getrieben worden war.

Giancarlo Garbaldo, der »italienische Kaufmann« mit dem zitronengelben Lamborghini, hatte ausgepackt – restlos gestanden! Er war es gewesen, der den Anschlag auf die Kommissare in der »piccola miniera« verübt hatte. Warum? Wieso? Das war allen Beteiligten trotz intensivster Nachfrage von Seiten der italienischen Carabinieri noch immer nicht so richtig klar geworden. Nur so viel schien an Beweggründen mitzuschwingen: Nämlich dass sich Garbaldo vom ständigen Auftauchen der beiden bedrängt und durchschaut fühlte. Sein eigentlicher Auftraggeber schien ihm genauso im Nacken zu sitzen wie seine Bank, die mittlerweile mehrfach gedroht hatte, das chronisch defizitäre Konto des auf großem Fuß lebenden Sportwagenlenkers zu sperren. Als letztendlicher Auslöser für die Wahnsinnsaktion war jedoch eine heftige verbale Auseinandersetzung mit Lucca zu werten, die nach dem Fußballspiel in Portoferraio stattgefunden hatte. Dabei hatte Garbaldo den jungen Spieler einmal mehr dazu gedrängt, doch endlich einen Kontakt zwischen seinem Bruder und dem »Spielerberater« herzustellen. Andernfalls könne er für nichts mehr garantieren.

Doch dieses Mal hatte der Dunkelmann den Bogen überspannt. Lucca, dessen Nervenkostüm schon durch die bisherigen Ereignisse äußerst strapaziert war, hatte in seiner Not die Flucht nach vorne angetreten und dem Erpresser damit gedroht, ihn anzuzeigen! Komme, was da wolle! Er könne nicht mehr anders, er sei mit den Nerven am Ende. Und im übrigen würden sich die beiden deutschen Kommissare mit Sicherheit brennend für die Story interessieren, die er ihnen erzählen könne. Angefangen vom Zahnarzt, über telefonische Drohungen, bis hin zu merkwürdigen Sportverletzungen, – und alles in Zusammenhang mit ein und demselben Namen: Giancarlo Garbaldo!

»Aber dass der dann auf die irrwitzige Idee verfällt, uns mit den Freikarten in die Mine zu locken und dann dort eine Polizeihandgranate zu zünden, wie man sie hier bei Demonstrationen verwendet, das spricht für seine extreme Notsituation.« Horst schüttelte den Kopf. »Der hat wirklich durchgedreht, und zwar komplettamente!«

»Wenn ich daran denke, dass er uns noch mit der Gaspistole ins Gesicht schießen wollte!« Protnik tastete schaudernd seine Wangen ab. »Also der Kerl gehört in die Klapsmühle, und zwar in die richtige!«

»Dafür werden unsere Jungs schon sorgen!«, strahlte Guiseppe Salvatore. »Da bin ich mir ganz sicher!«

»Und du meinst, die werden aus ihm auch noch das Geständnis mit deinen manipulierten LKW-Reifen herauspressen?«, interessierte sich Horst für den Fortgang der Untersuchung.

»Mit Sicherheit!«, gab sich Guiseppe optimistisch. »Und wenn ich das dann vorweisen kann, dann zahlt auch die Versicherung – und alles wird gut!«

»Na, hoffentlich!«, seufzte Protnik. »Obwohl mich die ganze Zeit doch noch eine Frage umtreibt: War er es nun ganz allein oder gibt es da noch eine Figur im Hintergrund, an die wir bisher schlicht und ergreifend noch gar nicht herangekommen sind?«

»Natürlich gibt es da noch Leute – logisch! Den Zahnarzt beispielsweise, diesen dottore, der meinen Lucca so furchtbar in die Mangel genommen hat!« Wieder ballte Guiseppe die Fäuste. »Aber den müssten sie nach dem Geständnis inzwischen hinter Schloss und Riegel haben! Und Lucca kann dann als Zeuge auftreten!«

»Was natürlich einen Riesenskandal verursachen wird!«, ergänzte Horst.

»Na und? Aber meine Jungs sind rehabilitiert und können nun endlich erklären, unter welchem enormen nervlichen Druck sie die ganze Zeit gestanden haben. Das wird wohl jeden Kritiker zum Schweigen bringen! Ihr werdet sehen.« Guiseppe breitete die Arme weit aus. »Die werden bald wieder spielen wie die Herrgötter, und der Schritt in die Nationalmannschaft ist dann nur noch eine Frage der Zeit. Der eine in der italienischen Nationalelf und der andere in der deutschen Mannschaft! Madonna! Das ist doch ein echter Hammer! Das hat es noch nie gegeben!«

Freudestrahlend hieb Michael Protnik dem glückseligen Italiener seine schwere Pranke auf die Schulter, so dass der durch die Wucht des Aufpralls leicht in die Knie ging. »Mit anderen Worten: Alles wird gut!«

»Bis auf meine Schulter, die tut jetzt weh!«, grinste der von Protniks Zuneigung so schwer Getroffene fröhlich.

»Wenn da nur nicht noch irgendwo im Hintergrund irgendein Dunkelmann lauert, der Rache schwört!« In Horst überwog trotz allen Erfolgs immer noch die Skepsis.

»Entspann dich, du alter Berufspessimist!«, versetzte ihm Protnik einen Klaps auf den Rücken. »Alles was recht ist ...«

»Sicherlich war da noch einer im Hintergrund!«, pflichtete Guiseppe dem anderen bei. »Ich hätte sogar einen leisen Verdacht, aber ich werde mich hüten, auch nur eine Silbe des Namens auszusprechen«, setzte er rasch hinzu, als er die verblüfften Mienen der beiden Kommissare bemerkte. »Das geht in eine Richtung, die eine Nummer zu groß für unsereinen ist. Deshalb übrigens hat der Garbaldo auch die gesamte Schuld auf sich genommen. Der ist doch nicht blöd und liefert seine Hintermänner ans Messer! Er wäre nämlich nicht der Erste, der das letztendlich mit dem Leben bezahlen würde – selbst im Gefängnis!«

»Also glaubst selbst du an einen großen Drahtzieher!« Verblüffung spiegelte sich in Horsts Miene. »Und wenn der jetzt weitermacht?«

»Das wird er nicht, da bin ich mir sicher!« Guiseppe machte eine wegwerfende Handbewegung. »Dafür ist dem der Boden nun zu heiß geworden. Nein, nein, der hat mit Sicherheit genügend andere Baustellen, die er jetzt angehen wird. Bevor sich in unserem Fall sonst doch noch eine Grube auftut, in die er hinein stolpern könnte ... Der lässt jetzt den Garbaldo im Knast schmoren und hat so sämtliche Spuren verwischt, die eventuell in seine Richtung zeigen könnten! Und wenn der andere schön brav den Mund hält, dann wird er sich schon darum kümmern, dass der bis in anderthalb oder zwei Jahren wieder draußen ist! Da gibt es genügend dunkle Kanäle, über die man so etwas einschleifen kann!«

»Donnerwetter!«, nickte Horst anerkennend. »Das war aber eine Analyse! Hut ab!«

»Bella Italia!«, setzte Protnik trocken obendrauf.

41

Der junge Mann im schwarzen Trainingsanzug lächelte zufrieden.

»Sieht nicht schlecht aus, oder?«, nickte Horst anerkennend, während er das Geschehen auf dem Trainingsgelände genau im Auge behielt. »Und wenn du dann wieder hundertprozentig fit bist, Lucca, dann kann euch keiner mehr stoppen, oder? Dann seid ihr ja schon eine halbe Nationalmannschaft!«

»Nichts dagegen!«, strahlte der andere mit der Sonne um die Wette.

»Nein, wirklich, so gut habe ich den Andrea schon lange nicht mehr spielen sehen! Da! Schon wieder! Und Schuss – und: Tor! Na bitte! Sag ich doch!« Horst hieb dem jungen Mann neben sich kumpelhaft auf die Schulter. »Was so eine psychische Belastung doch ausmacht! Unglaublich, was?«

Ein kurzer Schatten huschte über Luccas Miene. »Und ob, Sie glauben ja nicht, unter welchem Druck ich gestanden habe. Und da sitzt dann ein Polizeikommissar neben mir und will wissen, was Sache ist, und ich darf nichts sagen! Unglaublich! Und der Andrea erst: Den hat es ja noch viel mehr mitgenommen, als ich ihm erzählt habe, worum es eigentlich geht. Das ist ihm dermaßen auf den Magen geschlagen, dass wir den größten Krach miteinander gehabt haben, anstatt dass wir uns eine richtige Taktik überlegt hätten! Nein, jeder hat vor lauter Panik vor sich hin taktiert. Und diese Typen haben damit genau das erreicht, was sie wollten! Unglaublich!«

Horst schürzte nachdenklich die Lippen. »Wenn ich mir's recht überlege, das ist ja schon fast der Stoff, aus dem Romane sind. Man sollte direkt mal einen Krimi über diese ganze Affäre schreiben.«

»Sonst noch was!«, verdrehte Lucca gequält die Augen. »Und außerdem, ein Krimi ohne Leiche – wen interessiert das schon.«

»Auch wieder wahr!«, pflichtete Horst dem Spieler bei. »Aber was nicht ist, kann ja noch werden ...«

»Bloß nicht! Mir langt's auch so!«

»Im Krimi natürlich!«

»Wo auch immer, am besten, ich muss nie wieder etwas von der ganzen Chose hören oder lesen. Das war mehr, als man üblicherweise ertragen kann – und will! Basta!«, verschränkte er entschieden die Arme und beobachtete intensiv die technischen Kabinettstückchen, die sein Bruder gerade auf den Rasen zauberte.

»Na, was sagt man dazu? Der Andrea ist wirklich wieder um Lichtjahre besser drauf als noch vor einer halben Woche! Was das Klima doch so alles ausmacht!« Der Trainer des VfB Stuttgart hatte sich den beiden

Zuschauern lachend genähert und beobachtete mit sichtlichem Genuss die wieder erwachte Spielfreude seines Jungstars.

Horst und Lucca warfen sich verschwörerische Blicke zu. Die italienische Polizei hatte es bewundernswerterweise geschafft, die Affäre aus den Schlagzeilen herauszuhalten! Das merkwürdige Geschehen im Besucherbergwerk war als Wahnsinnstat eines durchgedrehten römischen Touristen deklariert worden. Die regionalen Zeitungen hatten, da ja letzten Endes keinem der Besucher ein Härchen gekrümmt worden war, nach einer aufgeregten ersten Schlagzeile recht schnell das Interesse an der Geschichte verloren, und der Trainer des schwäbischen Bundesligisten hatte nicht das Geringste von den Verwicklungen und Verstrickungen mitbekommen, in denen sein Nachwuchsspieler beinahe untergegangen wäre. Amüsiert zählte Horst im Stillen die Latte der Sponsorenlogos ab, die auf dem Trainingsanzug des Übungsleiters prangten. Man müsste den Begriff der wandelnden Litfasssäulen am Beispiel der Fußball-Bundesliga allmählich wieder neu definieren, schoss es dem Kommissar durch den Kopf, bevor er sich innerlich zur Ordnung rief. Aber es war einfach ein schönes Gefühl, als Kiebitz beim Training zu stehen und erstmals seit langer Zeit keine trüben Gedanken wälzen zu müssen!

»Jetzt fehlst uns nur noch du in der Sammlung, dann könnten wir durchmarschieren bis an die Spitze«, grinste der Trainer zu Lucca hinüber.

Der junge Mann warf sich stolz in die Brust. »Theoretisch ja, ich weiß nur nicht so recht, ob sich der VfB das leisten könnte! Die Preise in Italien sind nicht von schlechten Eltern.«

»Also wenn der FC Basel sich das leisten kann, dann können wir das aber allemal!«, konterte der Trainer eisenhart.

Die Attacke zeigte Wirkung. Luccas Miene verdüsterte sich für einige Sekunden.

»Wenn sich die Schweizer das hätten leisten können, müssten Sie sagen!«, sprang Horst dem Fußballspieler hilfreich zur Seite, wofür er einen dankbaren Blick aus dessen braunen Augen erntete.

»Wie? Hätten können?« Der Trainer legte die Stirn in Falten.

»Weil das zum einen nur eine Latrinenparole war von ein paar Typen, die mich fertigmachen wollten, und weil ich zum anderen wieder vollständig fit bin!«, erklärte Lucca, der seine Selbstsicherheit wieder gefunden hatte, mit wichtiger Miene. »Morgen steige ich wieder voll ins Training ein – und dann werden Sie sehen, dass das mit dem FC Basel kein Thema ist, wenn es denn jemals eines war!«

»Auch gut! Auf jeden Fall scheint der eine von euch vom anderen zu profitieren, denn auch dein Bruder spielt urplötzlich wieder wie ein junger Gott! Wenn der sich weiter so ran hält, dann ist er in zwei Wochen wieder drin in der Mannschaft!« Der Trainer lächelte zufrieden. »Und nicht nur auf dem Spielfeld, sondern auch im Umgang mit den anderen ist er plötzlich wieder so, wie er früher immer gewesen ist, unser Andrea! Unglaublich! Also, bevor der mir wieder in eine Krise hineinschlittert, schicke ich ihn das nächste Mal gleich auf Elba! Da wird dann gar nicht mehr lange gefackelt, mit Psychologen und so, eine Woche bella Italia und alles ist wieder paletti!«

»Na also!«, lachte Horst aus vollem Herzen. »Dann kann ja nichts mehr schiefgehen!«

Wenn die Lösung nur immer so einfach wäre. War sie es wirklich? Hoffentlich!

42

Hand in Hand schlenderten die beiden jungen Leute von ihrem Wagen, der direkt vor der Geschäftsstelle des VfB Stuttgart geparkt war, hinüber in Richtung Vereinsheim. Dort verharrten sie vor der roten Eingangstür und küssten sich lange und innig.

»Du, Papa! Schau mal da! Der Andrea und seine Freundin!« Fabian wedelte aufgeregt mit den Armen und beobachtete intensiv die filmreife Kuss-Szene unmittelbar vor seinen Augen. »Hallo Andrea! Viel Glück für heute!«

Der Fußballspieler in seinem rot-weißen Trainingsanzug wandte sich um und blinzelte dem Meyer-Sprössling freundlich zu. »Ach du bist es! Ja, danke für deine Wünsche! Hallo, Herr Meyer, schauen Sie sich das Spiel auch an?«

»Aber klar doch! Ehrensache!«, grinste Horst zufrieden und nickte bestätigend. »Ich möchte schließlich bei deiner Wiedergeburt dabei sein! Das lasse ich mir nicht entgehen!«, klopfte er dem Jungen freundlich auf die Schulter.

»Und du spielst heute wirklich wieder?« Fabians Wangen glühten vor Aufregung und Bewunderung.

»Hallo, Herr Sohn! Das heißt ›Sie‹ und nicht ›du‹ verstanden? Das ist der Herr Salvatore für dich!«, unterbrach Horst den Begeisterungsschwank seines Sohnes.

»Ach, Herr Meyer, lassen Sie doch! Die paar Jährchen, die Ihren Sohn und mich trennen! Ich bin der Andrea und damit fertig! In Ordnung?« Der Spieler streckte kumpelhaft die Hand aus, die Fabian freudestrahlend ergriff.

»Also, du ... Sie ... Sie spielen also tatsächlich heute?«

»Allerdings!«, bekräftigte Andrea strahlend. »Von Anfang an sogar! Aber Vorsicht!« Er legte den Zeigefinger an die Lippen und setzte eine verschwörerische Miene auf. »Das darf noch keiner wissen, das ist noch ein Geheimnis! Nicht, dass du es eventuell zu früh ausplauderst! Das wird nämlich erst eine Viertelstunde vor Spielbeginn bekannt gegeben! Das wissen bisher nur der Trainer und ich!«

»Nur der Trainer ...« Fabian schluckte schwer.

»Und ich – und jetzt auch noch du! Kannst du das bis zum Anpfiff für dich behalten?« Der Fußballspieler musterte seinen Fan lächelnd.

»Und ob! Großes Ehrenwort, ehrlich!«

»Na dann! So – jetzt muss ich mich aber verabschieden! Nicht dass ich gleich zu meiner Wiedergeburt, wie Sie es genannt haben, zu spät komme! Also dann, tschüss, Julienne und drück mir die Daumen!« Er hauchte einen weiteren Kuss auf die Wange seiner Begleiterin und verschwand anschließend mit raschen Schritten hinter der Tür des Vereinsheims.

»Guck, Papa, dann hab ich vorhin doch Recht gehabt: Sie sind also die Julienne vom Andrea, gell?«

Die dunkelbraune Schönheit in ihrem paillettenbesetzten Outfit neigte gelangweilt den Kopf zur Seite. »Ich bin die Julienne persönlich! Nicht die vom Andrea!« Ohne eine wie auch immer geartete Reaktion ihres verdutzten Gegenübers abzuwarten, stöckelte sie mit verdrießlicher Miene zu ihrem Wagen zurück und öffnete den Kofferraum des nagelneuen roten Ferrari, dem sie einen langen pelzbesetzten Mantel entnahm.

» Na, schau mal einer an, die Freundin ist zurück, der Ferrari steht wieder da, und alles ist so, als ob nie etwas gewesen wäre«, staunte Horst nicht schlecht über die Fakten, die ihm da gerade eben sozusagen vor die Füße gelegt worden waren. »Da siehst du, wie die Menschen sind, Fabian. Wenn's einem gut geht, dann hat man an jedem Finger zehn Freunde, die einem permanent auf die Schultern klopfen und einem bestätigen, was für ein toller Hecht man doch ist! Aber wehe, das Pendel schlägt in die andere Richtung aus und du brauchst mal Hilfe von einem dieser so genannten Freunde: So schnell kannst du gar nicht gucken, wie die dann weg sind! Deshalb – das zumindest ist meine Devise – lieber fünf richtige Kumpels als hundert falsche! Weniger ist manchmal mehr, aber das wirst du auch noch erfahren, leider!«, setzte Horst noch nachdenklich hinzu. »Du hast ja gesehen, wie das geht. Vor zwei Wochen, da hat sie ihn noch verlassen, und jetzt, jetzt ist sie plötzlich wieder da, grade so, als ob nie etwas gewesen wäre! Und der Ferrari, der ist ja auch nicht bar bezahlt, mit Sicherheit noch nicht! Aber nachdem sich rumgesprochen hat, dass der Andrea wieder drin ist im A-Kader, da hat er problemlos einen neuen Leasingvertrag für das Geschoss bekommen, da bin ich mir ganz sicher. Wenn sie ihm die Karre nicht sogar regelrecht wieder aufgedrängt haben! Dieselben Leute, die noch vor zwei, drei Wochen heftigst mit einer Vertragsstrafe gedroht haben! So ist die Welt, mein Sohn. Merk dir's gut, im eigenen Interesse!« Fürsorglich legte Horst den Arm auf Fabians Schulter und drückte sie sachte.

»Auf so eine Freundin würde ich sowieso pfeifen! Mein Gott, ist das aber eine alte Schrapnelle! So eine Zicke, so eine unfreundliche! Die passt doch gar nicht zu dem Andrea, oder?«

»Tja, wo die Liebe halt hinfällt«, zog Horst die Mundwinkel nach unten. »Und die Liebe wird so lange auch wieder halten, so lange die nötige Kohle da ist, um den ganzen teuren Firlefanz zu bezahlen! Na hoffentlich gibt ihm der Francesco da die richtigen Tipps! Den Francesco Adoni hat er ja auch wieder als neuen beziehungsweise alten Berater genommen. Gott sei Dank! Ach, schau mal, da kommt er ja grade!«

In der Tat eilte ein untersetzter kleiner Mann in diesem Moment mit schnellen Schritten die Stufen vor dem Vereinsheim des VfB Stuttgart empor. »Buon giorno, signori!«, wedelte er fröhlich mit den Armen, als er Horst mit seinem Sohn erkannte. »Na, ist das ein Tag heute! Der Andrea in der Mannschaft und der Himmel über Stuttgart sonnig und blau!«

»Tja, Herr Adoni!« Horst ergriff die dargebotene Rechte des Mannes und schüttelte sie kräftig. »Schön, dass Sie auch wieder mit von der Partie sind und den Andrea unter ihre Fittiche nehmen können! Toll!«

»Ja, das hat sich glücklicherweise alles wieder eingerenkt! Als wäre ein Wunder geschehen! Madonna mia! Vielleicht hat die Wallfahrt der Salvatores doch genützt!«, strahlte der Kleine mit seliger Miene.

»Dann dürfte der neue Vertrag beim VfB jetzt wohl nur noch eine Formsache sein, oder?«, erkundigte sich Horst neugierig.

»Im Prinzip ja«, legte der andere die Stirn in nachdenkliche Falten. »Da gibt es jetzt nur noch ein Problem ...«

»Ein Problem? Aber ich denke, von VfB-Seite aus ist alles klar?«

»Von denen aus schon! Das Unglück ist nur«, Adoni legte eine bedeutungsvolle Pause ein, bevor er weitersprach, »der Andrea hat leider nicht nur mich zurückbekommen, sondern auch seine Julienne, seine Freundin, wenn Sie wissen, wen ich meine!«

»Nur allzu gut!«, sandte Horst einen wissenden Blick zu dem Spielerberater hinüber.

»Ja, dann brauche ich Ihnen ja nicht viel zu sagen: Die Julienne, die bremst den Andrea, wo sie nur kann. Sie will einfach nicht, dass er beim VfB bleibt. Er solle doch lieber zu den Bayern gehen, die hätten ja schließlich auch schon Interesse an ihm signalisiert. Was leider stimmt!«, fügte er bedauernd hinzu.

»Die Bayern! Immer und überall die Bayern!«, schüttelte Fabian, der das Gespräch bislang eher wenig interessiert verfolgt hatte, entrüstet den Kopf.

»Das sage ich ja auch, da hast du ganz Recht!« Adoni seufzte tief. »Nicht, dass ich den Andrea nicht auch zu den Bayern vermitteln könnte, da würde ich sogar prozentual mehr verdienen. Aber ich will das nicht. Dort ist er dann mit seinen 19 Jahren einer von den vielen Nachwuchstalenten, die nur auf der Bank schmoren, anstatt zum Einsatz zu kommen und sich weiterzuentwickeln! Das ist doch nichts für den Andrea in seinem Alter: Der muss jetzt spielen, spielen, spielen! Und so hatten wir es ja auch bereits vor ein paar Wochen grob vereinbart mit dem VfB, da sind wir doch auch im Wort jetzt – was mir wie gesagt auch recht ist! Ich will einfach nicht, dass der Andrea dort in München auf die Schnelle verheizt wird! Nur die Julienne, die will unbedingt, dass ich mit den Bayern verhandle. Ich fürchte, ihr Einfluss auf den Andrea ist nicht zu unterschätzen!«

»Na, aber Herr Adoni! Der geht es doch nur darum, in der Bundesliga-Schickeria ganz vorne mit dabei zu sein! Die interessiert sich in Wirklichkeit doch einen Dreck um den Andrea. Der geht's im Grund genommen doch nur um sich selbst, um viel Geld und um den ganzen Protz und Co. Also, so viel Einfluss werden Sie auf Andrea doch wohl haben, um ihm das ganz klar zu verklickern! Und dass er auch dann den Großteil des

Geldes aus dem neuen Vertrag richtig anlegt, fest anlegt, hoffentlich! Nicht, dass diese Jetset-Mieze ihre lackierten Krallen auch noch danach ausstreckt!«

»Gott bewahre, Herr Meyer!« Adoni schaute auf die goldene Uhr an seinem Handgelenk. »Madonna! Schon so spät! Ich muss mich beeilen, sonst verpasse ich meinen Termin. Also dann, die Herren«, er tippte sich an seinen imaginären Hut, »auf Wiedersehen, ciao und ein schönes Spiel mit hoffentlich vielen Toren!«

»Von Andrea!«, rief Fabian dem Enteilenden noch fröhlich hinterher.

43

»Darf ich mal bitte!« Schwer atmend und mit hochroten Wangen schob sich Michael Protnik durch die dicht besetzte Reihe der Zuschauer auf der Haupttribüne zu seinem Sitzplatz hinüber. »Danke! Vielen Dank!« Geflissentlich ignorierte er die zahlreichen mürrischen Blicke, die auf ihn gerichtet wurden, und sichtlich erschöpft ließ er sich auf die rote Plastikschale fallen, die er sich für das heutige Spiel reserviert hatte.

»Mensch, Michael, wo kommst du denn wieder dahergerauscht! Guck mal, wie spät es ist: 20 Minuten über der Zeit!«, deutete Horst kopfschüttelnd auf seine Armbanduhr. »Das lohnt sich fast gar nimmer!«

»Du hast gut reden!«, schnaufte der Sputnik matt. »Bei dem Mordsverkehr heute in Stuttgart! Also diese Stadt, das ist ein verkehrsmäßiger Albtraum ohne Ende!«

»Aber das weiß man doch – seit Jahren schon! Und deshalb kommt der vernünftige Fußballfan, der sich für sein teures Geld schließlich auch das ganze Spiel angucken will, rechtzeitig, also mit dem Zug!«

»Mit dem Zug!« Protnik tippte sich indigniert an die Stirn. »Weil aus Laichingen so viele Züge in Richtung Stuttgart fahren, oder wie?«

»Laichingen? Wieso um alles in der Welt denn Laichingen! Du wohnst doch in Ulm – und das hat sogar ICE-Anschluss!«

»Aber die Freundin von der Uschi, die vor ein paar Wochen Nachwuchs gekriegt hat, die wohnt nun mal in Laichingen!«, knurrte der Ulmer Kommissar säuerlich. »Und weil die Uschi diese Freundin besuchen wollte, hab ich sie mit dem Auto dorthin gefahren. Und dann, als ich schon mal in Autobahnnähe war, dann bin ich natürlich weitergefahren, den Aichelberg runter, und bingo: Da standen sie – auf allen Spuren. Da ging nichts mehr. Gar nichts! Und als ich endlich auf die Abfahrt bei Köngen habe einbiegen können, da habe ich gemerkt, dass es noch mindestens zehntausend andere gegeben hat, die genauso schlau waren wie ich! Sogar noch auf der B 10 ist der Stau bis Untertürkheim gegangen! Und dann noch diese Parkplatzsuche hier! Unglaublich!«

»Tja! Schade! Du hast ein ganz flottes Spiel verpasst, das die da bisher an den Tag gelegt haben! Nicht wahr, Fabian?«

Fabian nickte selig. »Und der Andrea erst, einsame Klasse, kann ich dir sagen, Onkel Michael!«

»Der Andrea!?« Der späte Besucher war erstaunt. »Spielt der jetzt schon mit?«

»Allerdings! Und wie!«

»Na, da schau an! Was so ein bisschen Elba doch ausmachen kann!« Protnik kniff angestrengt die Augen zusammen und konzentrierte sich auf das Spielfeld. »Ah, richtig, da sehe ich ihn ja! Die Nummer 29, wie in den guten alten Zeiten! Und wie der rennt! Donnerwetter! Na bitte, alles wird gut!« Er setzte ein breites Grinsen auf und stupste Horst kumpelhaft mit dem Ellbogen. »A propos alles wird gut. Die Beschwerde von unserem Freund Unterhauser ist im Sand verlaufen.«

»Wie, Beschwerde?« Überrascht wandte Horst den Kopf. »Sag bloß, der hat dich tatsächlich angeschwärzt!«

»Aber selbstredend! Nur, genützt hat es nichts! Unser jetziger Boss scheint nämlich auch kein Fan von dem Herrn Direktor zu sein! Und als bei uns das Bild in der Zeitung erschien, das Unterhauser zeigt, wie er gerade dem Ex-Präsidenten zuprostet, spätestens dann war alles klar!«

»Wie? Der war in der Zeitung?«

»Allerdings! Aber anders als gewünscht! Du kannst dir ja lebhaft vorstellen, wie sehr unser Freund darauf erpicht war, einträchtig Seite an Seite mit seinem mächtigen Gönner abgelichtet zu werden. Und jetzt, jetzt gab's nach dem neusten Skandälchen, das grade aufgeflogen ist, im Artikel eher den Tenor, wie sich die Politik den Polizeiapparat zunutze macht! Und das Foto als Beleg dazu – wie die Faust aufs Auge! Das hat unserem Chef natürlich gar nicht gefallen und unserem speziellen Freund sicher auch nicht.«

»Worauf du Gift nehmen kannst!«

»Da, Papa, da schau, der Andrea!« Fabian war vor Begeisterung aufgesprungen und deutete aufgeregt nach unten auf das Spielfeld, wo sich der Spieler mit der Nummer 29 den Ball erkämpft hatte und in einem beeindruckenden Sturmlauf auf das gegnerische Tor zustürmte. »Pass auf, gleich klingelt es!«

»Halt, Vorsicht! Da kommt einer von hinten!« Horst hatte kaum ausgesprochen, da war es auch schon passiert: Ein Abwehrspieler der Gastmannschaft war von hinten in Andreas Waden hineingegrätscht und hatte mit diesem brutalen Foul die hundertprozentige Torchance zunichte gemacht. Der junge Spieler wälzte sich mit schmerzverzerrter Miene auf dem Rasen und krümmte sich zusammen. Keinen der Zuschauer hielt es mehr auf den Sitzen. Ein gellendes Pfeifkonzert entlud sich auf den Rängen.

»So eine Sauerei! Das muss Rot geben! Der spinnt doch wohl!« waren sich alle – zumindest die Anhänger des VfB Stuttgart – über die unabdingbaren Konsequenzen einig.

»Gelbe Karte nur! Das gibt's doch nicht! Hat der Schiri denn Tomaten auf den Augen?«, erregt starrte Fabian auf das Geschehen unter sich. »Das war eine hundertprozentige Chance, und dazu noch im Strafraum!«

»Deshalb gibt's ja auch Elfmeter! Da, schau!«

»Hoffentlich hat der Andrea nichts abgekriegt, sonst ist es gleich wieder Essig mit dem Comeback!«

»Nein, da! Er steht schon wieder!«

»Aber den Elfer, den schießt ein anderer!«, maulte Fabian wütend. »Dabei war das sein Tor!«

»Das sehen die anderen doch genauso! Hauptsache, er hat jetzt den Elfmeter rausgeholt und noch wichtiger, er kann weitermachen!«, legte Horst seinem Sohn beruhigend die Hand auf die Schultern. »Und immerhin, er ist, momentan jedenfalls, der beste Spieler auf dem Platz. Und das ist ja auch schon etwas, oder?«

Das Spiel nahm mit dem Elfmeterpfiff seine Fortsetzung. Der Schuss war gut platziert, und begleitet vom frenetischen Jubel der Stuttgarter Fans landete das Leder Sekunden später hinter dem gegnerischen Torhüter im Netz. Die Heimmannschaft präsentierte sich auch nach dem Seitenwechsel in der zweiten Halbzeit weiterhin von ihrer Schokoladenseite und war den Gästen in allen Belangen klar überlegen. Nicht zuletzt das Verdienst von Andrea Salvatore, der wie entfesselt aufspielte und die vereinzelten lauten Pfiffe vergessen ließ, die noch bei Bekanntgabe der Mannschaftsaufstellung durch das Stadion geschallt waren. Immer wieder brandete Beifall auf offener Szene auf, wenn die Nummer 29 des VfB wieder eines seiner technischen Kabinettstückchen elegant zum Abschluss gebracht hatte.

Und schon waren die ersten »Andrea, Andrea!«-Sprechchöre zu vernehmen.

»Na, da siehst du, was ich vorhin gemeint habe, Fabian!«, kommentierte Horst die plötzlich wieder neu entdeckte Zuneigung der Fans für den talentierten Nachwuchsstürmer. »So wankelmütig ist die öffentliche Meinung: Heute hui, morgen pfui! Man kann sich's nicht oft genug vor Augen halten!«

»Wo er Recht hat, hat er Recht!« Protnik erhob sich ächzend und legte seine Rechte schwer auf Horsts Schulter. »Tja, Freunde, dann pack ich's mal wieder! Schön war's heute, wirklich!«

»Wie? Was heißt, du packst es wieder?« Verblüfft deutete Horst auf die große Stadionuhr. »Die spielen jetzt noch gut und gerne eine Viertelstunde lang, da musst du doch nicht schon 15 Minuten früher gehen!«

»Doch, doch!«, winkte der Sputnik entschlossen ab. »Einmal Stau, das reicht mir für heute! Ich mach lieber rechtzeitig die Mücke, als nachher wieder mit den anderen stadtauswärts zu stauen! Und anbrennen tut da unten ja eh nichts mehr! Die werden ihren Sieg ungefährdet nach Hause schaukeln, also kann ich beruhigt in mein Auto steigen!«

»Aber Michael, das hat doch noch Zeit!«

»Sicher ist sicher, mein Lieber! Wie gesagt, antizyklisch denken ist angesagt! Nicht immer das tun, was grade alle tun: Keine Macht den Doofen! So ähnlich sieht's doch auch der DFB, nicht wahr?« Grinsend quetschte sich der Kurzzeitbesucher zum zweitenmal am heutigen Nachmittag durch die Reihen – wiederum begleitet von ärgerlichen Kommentaren und wütenden Blicken.

»Aber sag mal, Papa, der Onkel Michael hat jetzt grade mal 50 Minuten das Spiel angeschaut! Das lohnt sich doch nicht!« Kopfschüttelnd rechnete Fabian nach. »50 Minuten, mehr waren das nicht!«

»Ein stolzer Minutenpreis – umgerechnet. Da gebe ich dir völlig Recht! Aber was soll man machen, Fabian!?« Achselzuckend widmete sich Horst wieder dem Geschehen im Gottlieb-Daimler-Stadion. »Die Dummen treiben die Welt um! Das war schon immer so!«

44

»Da, Horst! Da schau mal! Du glaubst es nicht!« Claudia hatte sich vom Küchenstuhl erhoben und deutete erregt auf die vor ihr ausgebreitete Zeitung.

»Was gibt es denn so furchtbar Wichtiges?« Merkwürdig – sonst war es nicht gerade Claudias Art, so schnell aus der Fassung zu geraten. Neugierig näherte sich Horst dem Küchentisch.

»Da! Im Sportteil steht's!« Claudia wies mit dem Zeigefinger auf eine dreispaltige Schlagzeile, die ganz oben auf der Sportseite platziert war. »Das kann doch wohl alles nicht wahr sein!«

»Was denn?« Noch während er die Zeitung in Augenschein nahm, sprang ihm die Schlagzeile förmlich ins Gesicht: »Andrea Salvatore gedopt!« stand da in dicken großen Lettern zu lesen!

»Wie?! Was ist das?!« Horst stützte sich mit den Handflächen auf die Tischplatte und nahm sich hastig den Artikel vor, in dem von einem anonymen Anruf die Rede war, der von einem Dopingskandal in der Fußball-Bundesliga wissen wollte. Erste Recherchen beim Deutschen Fußballbund,bei den einschlägigen Analyselabors und bei den sogenannten »gut unterrichteten

Kreisen« schienen die Behauptung zu bestätigen. Und es gab auch bereits einen ersten Verdächtigen, dessen Urin bei einer Zufallsanalyse von Sportmedizinern der Universität Tübingen eindeutig starke Spuren eines Dopingmittels aufwies. Eigentlich hatten die Wissenschaftler ja nur an einem sportmedizinischen Forschungsprojekt gearbeitet und völlig andere Untersuchungen im Sinn, aber die Werte, die in der Probe eines Fußballspielers auftauchten, waren einfach nicht zu ignorieren. Die Zusammenarbeit des Tübinger Sportinstituts mit dem VfB Stuttgart war alles andere als ein Geheimnis, und so engte sich der Kreis der in Frage kommenden Personen in Windeseile ein. Immer stärker verdichteten sich die Indizien, dass es sich bei der auffällig gewordenen Probe um die des jungen Nachwuchsspielers Salvatore handelte! Der Name stand schwarz auf weiß in der Zeitung, was nach Lage der Dinge bedeutete, dass es sich um die brutale Wahrheit handelte, denn so unvorsichtig würde keine einigermaßen seriöse Zeitungsredaktion vorgehen und in einem solchen Fall Namen an die Öffentlichkeit pusten, die sich hinterher als völlig unschuldig erweisen würden. Nein! Die Realität war mit an Sicherheit grenzender Wahrscheinlichkeit eine andere! Und Andrea Salvatore hatte somit ein Problem! Schon wieder!

»Das darf ja wohl wirklich nicht wahr sein!«, schüttelte Horst betroffen den Kopf. »Andrea gedopt! Nie und nimmer!«

»Immerhin, seine explosionsartige Leistungssteigerung wäre damit erklärt!« gab Claudia zu bedenken.

»Nie und nimmer! Der tut so etwas nicht! Der nicht!«

»Ist das eigentlich üblich im Fußball, dass da gedopt wird? Das hört man doch sonst nur von den Radfahrern oder von den Leichtathleten.«

»Oder von den Skilangläufern oder den Gewichthebern, den Ringern, den Schwimmern und und und!« Der Kommissar rieb sich nachdenklich das Kinn: »Sag mir eine Sportart, die wirklich sauber ist und in der heutzutage nicht herummanipuliert wird!«

»Aber in technischen Disziplinen bringt das doch nichts!«, gab Claudia zu bedenken.

»Gut, ein besseres Ballgefühl entwickelt einer nicht, wenn er etwas einwirft. Aber mehr Kondition und mehr Spritzigkeit, das kann er sich von dem Zeug schon erhoffen, zumindest für 90 Minuten. Du hast es ja grade selber gesagt, wie erstaunlich fit und agil der Andrea plötzlich wieder gewirkt hat!«

»Trotzdem, beim Thema Fußball ist mir das neu!«

»Weil es halt doch nicht so viel bringt wie etwa beim Langlauf und weil's zum Glück noch in allererster Linie auf die Technik ankommt! Andererseits, du hast dich doch auch schon halb tot gelacht, als du im Fernseher diese Kicker mit ihren komischen Nasenpflastern gesehen hast! Das ist ja im Grunde genommen auch nichts anderes als ein, wenn auch erlaubtes, Mittel zur Leistungssteigerung.«

»Das würde mich eher behindern, so ein Ding an der Nase! Aber stimmt, vor allem dieser Kerl, dieser Holländer, der dann auch noch immer eine Sonnenbrille auf der Nase hat! Wie heißt der gleich wieder?«

Horst brauchte nicht lange zu überlegen. »Davids! Das ist der Edgar Davids!«

»Richtig! Genau! Also meiner Meinung nach sieht der ja eh nichts mit seiner Brille! Und dann noch ein Nasenpflaster! Neuerdings haben sie auch noch solche Pflaster an den Ohren! Das sieht vielleicht bescheuert aus.«

»Dient aber einzig und allein der Fitness! Das eine an der Nase zur direkten Leistungssteigerung, das an den Ohren zur Analyse. Damit der Onkel Doktor nachher auch gleich sehen kann, wo es bei seinem Schützling noch hapert und welches Aufbaupräparat, welcher Eiweißmix und welches Vitaminspritzchen denn noch ratsam wäre!«

»Aber das ist doch im Grund genommen auch nichts anderes als Manipulation mit diesen ganzen Kraftfutter-Rezepten!«

»Im Grund genommen schon. Da gebe ich dir Recht! Obwohl, das wirst du als Ärztin wahrscheinlich besser wissen als ich, ob dieses ganze Zeugs was bringt, das ist doch sehr die Frage!«

»Allerdings!«, nickte Claudia. »Aber du weißt, wie das ist: Allein der Glaube kann Berge versetzen!«

»Richtig! Und noch mal, das alles ist erlaubt, geduldet vom Gesetzgeber und von den Sportverbänden.«

»Da frage ich mich schon lange, wo denn hier eigentlich die Grenze gezogen worden ist! Und von wem weshalb hauptsächlich!« Claudia tippte sich an die Stirn. »Weißt du noch, letztes Jahr bei der Tour de France?

Dieser Skandal, wo sie am besten die ganze Tour gecancelt hätten, weil im Grund genommen jeder der Fahrer irgendein Mittelchen genommen hat!«

»Ein Mittelchen ist gut«, warf Horst dazwischen. »Das sind radfahrende Apotheken, die da im Sattel sitzen!«

»Und sogar Asthmatiker fahren da mit! Das muss man sich mal auf der Zunge zergehen lassen: Da radelt einer 200 Kilometer lang bei 30 oder 40 Grad im Schatten fast die ganze Zeit über den Berg hinauf. Und wenn dann bei einer Dopingprobe herauskommt, dass er ein leistungsstärkendes Mittel eingeworfen hat, dann stellt der sich zusammen mit seinem Arzt hin und behauptet, er sei ja schließlich starker Asthmatiker. Das sei eine medizinische Notwendigkeit bei ihm, dieses Mittel!« Claudia schüttelte den Kopf. »Würdest du mit starken Atembeschwerden im Sommer bei einer Affenhitze auch nur zwei Kilometer weit den Berg hochstrampeln?«

»Im Leben nicht! Aber ich bin ja auch kein Radfahrer!«, grinste Horst. »Wenn allerdings die Kohle stimmt, dann könnte man eventuell schon darüber reden ...«

»Und genau darum geht es doch: Kohle, Kohle und nochmals Kohle! Nur dass hinterher die Gesundheit ruiniert ist und dass dir dann die ganze Kohle auch nichts mehr nützt, das ist doch die Kehrseite der Medaille, im wahrsten Sinn des Wortes, oder?«

»Womit du Recht hast! Aber da siehst du ja, wie groß die Grauzone ist und wie verlogen die ganze Debatte geführt wird. Wenn einer wirklich mal Schnupfen hat und ein Nasenspray benutzt, dann kann das schon zu viel gewesen sein, und weg ist die Medaille! Und das, während im Blut des Kontrahenten gleichzeitig – aber halt ärztlich verschrieben – die doppelte Dosis herumschwirrt! Unglaublich! Aber, um auf den Andrea zurückzukommen, so blöd ist der doch nicht, so etwas zu tun. Und fit ist er doch trotz seiner Formkrise gewesen. Das war lediglich eine Blockade im Kopf und nicht in den Muskeln. Also, ich kann mir nicht vorstellen, dass der so etwas tut!«

»Aber wer denn sonst, wenn nicht er? Und Tatsache ist und bleibt doch, da war was, da ist etwas gefunden worden! Wenn nicht er, wer soll ihm das Zeugs denn dann eingeflößt haben?«

»Wer weiß!« Horst überlegte fieberhaft. Wer konnte denn ein Interesse an den neuerlichen Negativ-Schlagzeilen haben. Wer? Eigentlich gab es nur eine einzige Möglichkeit! »Womöglich geht jetzt doch wieder alles von vorne los!«

»Willst du damit sagen ...«, Claudia vermied es, die Vermutung auszusprechen, auf die sie ihr Mann hingelenkt hatte.

»Richtig!«, nickte der. »Die Mafia! Wer sonst? Die geben halt doch nicht so schnell auf!«

»Was allerdings zu beweisen wäre.«

45

Der nächste Tag und der dementsprechende Zeitungsbericht ließen keinen Zweifel mehr zu. Bei dem überführten Dopingsünder handelte es sich eindeutig um Andrea Salvatore, daran gab es nichts mehr abzustreiten – und auch nichts mehr zu beschönigen. Er war des Dopings überführt – hundertprozentig. Auch die so genannte B-Probe hatte diesbezüglich ein deutliches Ergebnis gezeitigt.

»Nein! Schon wieder Nandrolon!« Claudia tippte mit dem Finger auf die Stelle im Artikel, in der das Dopingmittel beschrieben wurde: »Nandrolon – ausgerechnet! Das wird ja allmählich das Skandalmittel im deutschen Sport schlechthin!«

»Alles Baumann oder was?!«, kommentierte Horst die Enthüllung bitter. »Aber wirklich, das kann doch im Ernst nicht wahr sein! Jetzt ist das Mittel doch wirklich in aller Munde.«

»Wortwörtlich!«, warf Claudia dazwischen.

»Wie? Ach so, ja, natürlich! Wegen der Zahnpasta, richtig! Heutzutage muss man sich offenbar nur einmal gründlich die Zähne putzen, und schon ist man gedopt! Unglaublich!« Horst holte tief Atem, bevor er weitersprach. »Aber eben deshalb, weil dieses Zeugs allmählich so bekannt ist und diese traurige Berühmtheit erlangt hat, ist es doch mega doof, ausgerechnet dieses Mittel einzuwerfen! So blöd kann man doch gar nicht sein! Und für so blöd kann man die anderen auch nicht halten, oder?«

»Oder man ist dermaßen raffiniert und durchtrieben, dass man davon ausgeht, die würden einem dieses plumpe Vorgehen nie und nimmer zutrauen.«

»Die Raffinesse also auf die Spitze getrieben!« Horst machte eine nachdenkliche Pause. Dann schüttelte er energisch den Kopf. »Aber so einer ist der Andrea nicht! Nie und nimmer! Und ausgerechnet jetzt das Dopingmittel einzunehmen, wenn man doch weiß, dass die Uni Tübingen ihre Untersuchungen macht.«

»Wobei die Untersuchungen ja auf einem ganz anderen Feld geführt werden. Vielleicht hat er gemeint, dass die nur Dinge finden können, nach denen sie auch suchen wollen. Was eigentlich eine gewisse Logik in sich birgt, oder?«

»Also, ich weiß nicht so recht! So blöd ist der Andrea doch wirklich nicht. Und noch mal, nötig hat er das Zeugs ja sowieso nicht gehabt! Nein, der Andrea, der tut so etwas nicht! Dafür lege ich meine Hand ins Feuer! Hundertprozentig!«

»Hoffen wir, dass du sie nicht verbrennst! Und jetzt, wie geht es jetzt weiter?«

»Na ja, der Sportdirektor tobt! Zurecht natürlich. Da läuft jetzt natürlich wieder so eine verlogene Schmierenkomödie ab. Der DFB droht dem VfB scheinheilig mit Sanktionen, Punktabzug, Geldstrafen und so weiter. Und der Verein, der muss jetzt verständlicherweise gucken, dass er da nicht direkt hineingezogen wird und dass es womöglich heißt, jemand aus den eigenen Reihen habe dem Spieler das Zeugs in den Pausentee gebröselt! Ich fürchte, es folgt eventuell sogar ein Rausschmiss! Ich bin mal gespannt, was in den nächsten ein, zwei Wochen so alles abgeht!«

46

»Na komm, ehrlich, ich sage dir, der war's nicht! Jetzt tu doch nicht so, als wenn du plötzlich den Andrea selbst verdächtigen würdest!« Das Telefonat mit Michael Protnik gestaltete sich wieder einmal zäher, als es Horsts Meinung nach sein musste. Aber der Herr Kollege zierte sich halt gerne ein bisschen – was andererseits den Vorteil hatte, allem damit verbundenen Ärger zum Trotz, dass man sich seiner Position umso sicherer war, wenn das nervige Rede- und Gegenrede-Spiel erfolgreich überstanden war.

»Na gut! Lassen wir's dabei, wir plädieren also auf nicht schuldig!«, gab die Nervensäge am Telefon schließlich den Widerstand auf. »Aber wer war's dann? Wer könnte denn ein Interesse daran haben, dass der Andrea ausgerechnet vor seinen neuen Vertragsverhandlungen dermaßen einfährt?«

»Tja, das genau ist des Pudels Kern, wenn wir das herausgefunden haben! Cui bono.«

»Kui – was?«

»Cui bono: Wem nützt es, heißt das!«, erklärte Horst mit beiläufigem Tonfall.

»Alter Angeber!«, zischte es aus dem Telefon.

»Nein, Lateiner!«, grinste der Kommissar. »Aber im Ernst, wem könnte es nützen, dass der Vertrag von Andrea jetzt schon wieder nicht unterschrieben wird? Wer hat ein Interesse daran, die Verhandlungen scheitern zu lassen? Der Berater, der ja wieder Francesco Adoni heißt, doch sicher nicht!«

»Sehe ich auch so! Und wie ist es mit den Typen aus Italien?«

»Eher nein! Ich glaube nicht, dass die da noch mal ein Brikett nachlegen, nachdem sie so gnadenlos gescheitert sind!«

»Auch nicht aus Rache?«

»Weiß nicht! Man soll ja niemals nie sagen ...«, sinnierte Horst. »Wen hätten wir denn sonst noch?«

»Eigentlich war's das doch! Wer ist sonst noch in Andreas direktem Umfeld? Die Freundin, klar. Aber die wird ja wohl nicht ...«

»Mensch, Protnik! Die Freundin!«, unterbrach Horst seinen Kollegen. »Das ist es! Die könnte es gewesen sein!«

»Die Freundin? Dieses Laufstegwunder von neulich? Niemals! Die denkt doch an nichts anderes, als an die neuesten Klamotten und woher sie die nötige Kohle dafür bekommt! Die wird doch nicht ausgerechnet den Kerl außer Gefecht setzen, der das nötige Kleingeld treu und doof heranschaufelt!«

»Warte mal, Michael! Ganz langsam! Es ist nämlich so, dass die strikt gegen diesen neuen Vertrag mit dem VfB gewesen ist! Die will unbedingt, dass der Andrea mit den Bayern verhandelt. Von denen hat er ja auch so ein Lockvogel-Angebot! Da winken ihm vorneweg schon mal zwei Milliönchen als sogenanntes Darlehen – und darauf ist die spitz wie Nachbars Lumpi!«

»Woher willst du das denn wissen?«

»Weil es mir der Adoni selber erzählt hat!« Horst hatte die Witterung mittlerweile aufgenommen. »Mensch, Michael, so könnte es gewesen sein! Die ist scharf auf die Kohle, nichts anderes. Zwei Millionen sind schließlich auch kein Pappenstiel!«

»Also gut. Zugegeben, das wäre der erste halbwegs konkrete Ansatz«, räumte nun auch Protnik ein. »Aber wie willst du der auf die Schliche kommen?«

»Gute Frage! Das wird nicht ganz einfach werden.«

»Machen wir's doch am besten so, ich schau mal nach, ob ich über die Dame irgendetwas in Erfahrung bringe, so ein bisschen Datenbankrecherche halt, wenn du mir nachher die Daten von der gibst.«

»Was soll ich denn von der groß wissen?«

»Na, die Oberweite sicher nicht! Dann musst du halt bei Andrea nachfragen.«

»Beim Andrea, ausgerechnet!« Horst verstand nicht, wie sich Protnik das vorstellte. So einfach war es sicher nicht, die gewünschten Auskünfte zu erhalten. »Glaubst du denn im Ernst, dass da jemand ans Telefon geht?«

»Was weiß ich! Jetzt sei doch nicht so einfallslos! Du musst auf jeden Fall mit dem Andrea sprechen. Und wenn du den nicht an die Strippe kriegst, dann probier's halt über die Eltern. Die kennst du doch gut und die wohnen ja auch gleich bei dir um die Ecke!«

»Klar, schon ...«

»Nichts ist klar! Noch nicht!« Unglaublich, wie Protnik mittlerweile mit Feuereifer bei der Sache war. Und das bei dessen sonst so nervtötendem Phlegma, das er zur Verzweiflung seiner Umgebung durchaus an den Tag legen konnte! »Also, folgendermaßen, du musst meiner Meinung nach den Andrea, womöglich auch seine Eltern, voll und ganz über deinen Verdacht informieren. Denn nur so haben wir eine Chance, die Sache zu klären. Und dann gibst du mir die ganzen Geburts- und sonstigen Daten durch, damit ich mit der Recherche beginnen kann! Tja – und dann solltest du den Andrea noch dazu bringen, ein bisschen in den Sachen seiner Gespielin zu wühlen: Handtasche durchsuchen und so ...«

»Handtasche durchsuchen und so!«, echote Horst. »Klar! Logo! Das sage ich dem halt einfach so, dass seine Freundin ihn gedopt hat und dass er doch jetzt bitte in der Unterwäsche seiner Julienne herumspionieren soll!«

»Horst! Es ist halt so! Es geht nicht anders!«, rief der Kollege seinen Gefährten zur Ordnung. »Von dir stammt der Verdacht doch schließlich, vergiss das nicht! Du schaffst es schon!«

Verdrießlich biss sich der so Gerüffelte auf die Unterlippe. »Na also, meinetwegen ...«, knurrte er anschließend, schon wesentlich weniger von der Stichhaltigkeit seiner Theorie überzeugt, als noch vor knappen fünf Minuten.

47

Der Besucher an der Hautür klingelte Sturm. »Der muss es ja verdammt wichtig haben«, schimpfte Horst verärgert, während er mit schnellen Schritten in den Flur eilte, um zu sehen, wer denn am Samstagmorgen kurz nach acht Uhr schon unbedingt mit einem Mitglied der Familie Meyer sprechen musste. »Na warte, du kannst was erleben!«

»Was soll denn das?«, riss er die Tür auf und starrte überrascht in die aufgeregten Gesichter von Guiseppe und Andrea Salvatore!

»Guiseppe! Andrea! Was hat euch denn aus dem Bett getrieben!« Horst machte eine einladende Geste. »Kommt herein, bitte!«

Wortlos folgten die beiden frühen Besucher dem Hausherrn ins Wohnzimmer. Es schien also etwas geschehen zu sein, kombinierte Horst, der kaum erwarten konnte, was Andrea und Guiseppe ihm so eilig und brandneu zu erzählen hatten.

»Also! Schießt los!«, forderte er die beiden auf, als sie ihm gegenüber auf dem Sofa Platz genommen hatten.

»Ach, ihr seid das gewesen!« Claudia betrat in diesem Moment das Wohnzimmer und schlug fröstelnd den Kragen ihres Morgenmantels hoch. »Ganz schön kalt, heute Morgen! Soll ich uns erst mal einen Kaffee machen?«

»Nein, vielen Dank!«, wehrte Guiseppe entschieden ab und auch Andrea schüttelte stumm den Kopf.

»Na gut!« Claudia hatte verstanden. Sie setzte sich auf die Armlehne von Horsts Sessel und wartete gespannt auf das, was nun gleich an Erklärung kommen würde.

»Also, es ist so«, begann Andrea zögerlich. »Sie wissen ja, dass ich nicht sehr begeistert von Ihrem Vorschlag war, die Julienne einmal genauer unter die Lupe zu nehmen. Aber dann habe ich mich gestern Abend doch dazu durchgerungen! Sie war nicht in der Wohnung, weil sie irgendeine Verabredung mit ein paar Freundinnen hatte. Tja, und da bin ich dann doch ins Grübeln gekommen.« Er legte eine bedrückte Pause ein, bevor er tief Luft holte und anschließend weitersprach. »Also, das ist ja schon so ein Ding, die eigene Freundin zu verdächtigen, das kann ich Ihnen sagen! Und ich habe ja gar nicht gewusst, wo ich was suchen soll: In der Zahnpastatube wohl eher nicht, oder?«

Horst nickte ungeduldig. »Und weiter?«

»Na ja, wie Sie es mir geraten haben, habe ich ersteinmal den Kleiderschrank inspiziert, aber nichts entdecken können. Erst dann, bei der Wäsche, da habe ich unter einem Stapel diese Karte hier gefunden!« Der junge Fußballspieler zog eine vorbedruckte Postkarte aus der Tasche und hielt sie den Meyers entgegen.

»Eine Bestellkarte!«, registrierte Horst verblüfft.

»Ja«, bestätigte Andrea. »Aber die Bestelladresse ist merkwürdig. Da, schauen Sie mal, was da für eine Anschrift drauf steht: SIGMA Chemie! Ist doch eigenartig! Was soll denn die Julienne von einer Chemiefirma wollen?« Er schüttelte den Kopf und zeigte mit dem Finger auf eine handschriftliche Notiz, die hinten auf die Karte gekritzelt war: » 19 – Nortestosterone 17 – Decanoate. Und das, das ist ja dann wohl der Hammer, was da steht. Was soll das denn heißen, wenn nicht genau das, was Sie vermutet haben?« Unglücklich starrte er in das Gesicht des Kriminalkommissars.

Horst zog die Stirn in Falten und warf Claudia einen fragenden Blick zu. »Das müsstest du als Ärztin doch sagen können. Ist das die Substanz, die wir suchen?«

»Hundertprozentig!«, nickte Claudia entschieden. »Ich kenne die genaue chemische Zusammensetzung nicht direkt, aber das, was Andrea eben vorgelesen hat, das ist Nandrolon, eindeutig!«

»Madonna!«, zischte Guiseppe gequält. »Nandrolon!«

»Also doch! Bist du dir auch ganz sicher?!«

»Ganz sicher, ein anaboles Steroid auf jeden Fall, da gibt es keinen Zweifel. Nandrolon!«

»Doping!« Andrea schüttelte heftig den Kopf. »Aber das gibt es doch gar nicht! Vielleicht hat sie ja nur irgendwo nachgelesen, was dieses Nandrolon sein soll, nachdem die ganze Geschichte ja in dieser Woche hochgekocht ist! Vielleicht tun wir ihr dennoch unrecht, oder?« Er sandte einen bittenden Blick zu den Meyers hinüber. »Das Zeug kann man doch schließlich nicht im Kaufhaus bestellen!«, schimmerte ein Funke Hoffnung bei ihm auf.

»Und ob man das bestellen kann! Da, schaut mal!« Claudia war zum Bücherregal gegangen und hatte einen dicken Katalog herausgegriffen, in dem sie eilig blätterte. »Das ist der Katalog von der Firma, die du gerade erwähnt hast, Andrea. SIGMA Chemie in Deisenhofen. Das ist ein Wälzer mit rund 3000 Seiten. Und da drin gibt es genau die Mittelchen zu bestellen, von denen wir normalerweise gar nicht glauben, dass man sie bestellen kann. Hier, bitte, hier steht's schwarz auf weiß!« Sie deutete auf eine Textstelle in dem Katalog: »19 – Nortestosterone 17 – Decanoate. Und weiter, weiß bis leicht gelbliches Pulver, geschmacklos. Ein Gramm kostet rund 150 Euro, sollte bei 2–8 Grad Celsius, im Kühlschrank also, gelagert werden.« Sie hob den Blick und sah ernst in die Runde: »So einfach ist das mit dem Bestellen! Und so einfach kann man dann auch etwas in den Tee gebröselt bekommen oder wo hinein auch immer! Also von daher müsste es sich schon um einen mehr als merkwürdigen Zufall handeln, wenn deine Julienne ausgerechnet auf dem Bestellzettel der Lieferfirma exakt die chemische Substanz auflistet, die bei deiner Dopingprobe ganz offensichtlich eine entscheidende Rolle gespielt hat: Nandrolon!«

»Unglaublich!« Horst saß wie vom Donner gerührt in seinem Sessel! Dass sich die Dinge so klar und eindeutig würden nachweisen lassen, damit hatte selbst er als erfahrener Kriminalist nicht gerechnet. Urplötzlich hatte sich eine doch ziemlich vage Theorie in brutale Wahrheit verwandelt! Und was für eine Wahrheit!

»Du hast doch hoffentlich mit der Julienne noch nicht darüber gesprochen, oder?«, forschte er bei Andrea nach.

»Nein, natürlich nicht!«, schüttelte der matt den Kopf. »Ich habe mich nämlich erst spät in der Nacht zu dieser Durchsuchaktion entschlossen. Und danach bin ich sofort zu meinen Eltern gefahren. Julienne war zu diesem Zeitpunkt noch nicht wieder zurück von ihrem Treffen. Sie hat allerdings auch angekündigt, dass es spät werden könne!«

»Gott sei Dank«, atmete Horst erleichtert auf. »Dann haben wir ja noch alle Trümpfe in der Hand!«

48

In diesem Moment klingelte das Telefon. Claudia nahm den Hörer ab und nickte, bevor sie das Mobilteil an ihren Mann weiterreichte. »Der Michael ist dran! Der hat auch interessante Neuigkeiten!«

Kaum hatte sich Horst mit Namen gemeldet, da sprudelte es auch schon los: Protniks Recherchen hatten ergeben, dass es sich bei der schönen Fußballerbraut Julienne durchaus um kein unbeschriebenes Blatt handelte, ganz im Gegenteil: »Da ist tatsächlich schon vor Jahren etwas in Italien gewesen. Das habe ich über den Europol-Rechner herausgefunden. Die stand schon mal vor Gericht – in Italien seinerzeit. Angeklagt in einem Erpressungsfall, aber aus Mangel an Beweisen hat man sie damals laufen lassen müssen. Ein ungutes Gefühl ist anscheinend zurückgeblieben, aber es hat nichts geholfen, sie musste auf freien Fuß gesetzt werden. So mancher hat anscheinend vermutet, dass dabei ganz bestimmte interessierte Kreise die Finger mit im Spiel gehabt haben. Aber wie gesagt, es war letztendlich nicht zu beweisen!«

»Die Mafia!« Horst bereute seinen erstaunten Ausspruch unmittelbar, nachdem er ihn gemacht hatte. Aber es war zu spät. Er registrierte mitleidsvoll, wie die beiden Salvatores bei dem Begriff schmerzlich zusammenzuckten. Andererseits, es war besser, sich die Realität ungeschminkt vor Augen zu halten! »Die haben also doch noch ein Eisen im Feuer gehabt. Mal sehen, wie heiß es jetzt noch ist, wenn wir den Stier bei den Hörnern packen!« Der Kommissar erhob sich mit entschlossener Miene. »In fünf Minuten bin ich richtig angezogen, und dann geht's los!«

49

»Sie wissen wohl nicht, was Sie da gerade sagen!« Die hochgewachsene junge Frau ließ die Hand empört auf die gläserne Tischplatte krachen und sandte wütende Blitze zu dem Fragesteller hinüber, der sie in die Enge trieb. »Sie spinnen doch wohl! Und du!«, damit deutete sie mit ausgestrecktem Arm zu Andrea hinüber, »du bist ja jetzt wohl komplett übergeschnappt, oder wie?«

»Von wegen!«, stieß der Fußballspieler zornig durch die fest aufeinander gepressten Lippen hervor. »Von wegen!«

»Uns interessiert eigentlich nur noch das wie!«, zischte Horst mit strenger Miene. »Dass Sie dem Andrea das Zeug untergejubelt haben, das steht für uns felsenfest! Die Frage ist nur noch: Wie!

»Aber sonst ist alles in Ordnung, oder?« Wütend stampfte Julienne mit dem Fuß auf. »Und wo bitte soll ich das Mittel versteckt haben?!«, grinste sie hämisch ins Gesicht des Kommissars.

»Na, dass Sie nicht so blöde sind und es in der Handtasche mit sich herum tragen, davon gehe ich schon aus! Aber dennoch, dass Sie es gewesen sind, ja gewesen sein müssen, das ist für uns gar nicht mehr die Frage.

Wie gesagt, nur noch den Weg, den hätten wir gerne gewusst! Das interessiert ja vielleicht auch in Italien den einen oder anderen«, zog er seinen nächsten Trumpf aus dem Ärmel. »Sie wissen ja, damals in Verona!«

Verblüfft registrierte Horst Meyer, dass sich die Gesichtszüge des ansonsten immer als »kaffeebraune Schönheit« beschriebenen Models bei diesen Andeutungen geradezu grotesk in eine hässliche Maske verzerrt hatten, die ganz und gar zu den wilden Flüchen passte, die nun in rascher Folge auf die Anwesenden einprasselten: »Ihr Wichser, ihr elenden! Ihr glaubt, ihr könnt mich festnageln! Aber nicht mit mir, ihr Vollidioten!«

»Kramen Sie ruhig weiter in Ihrem beeindruckenden Wortschatz! Aber, falls Sie sich nicht mehr daran erinnern können oder wollen, wie Sie das alles bewerkstelligt haben, dann ist mir das auch egal! Jetzt geht es nur noch um das eine!«, damit zog Horst ein weißes Blatt Papier aus der Jackettasche, das er auf dem Tisch entfaltete. »Da steht schon alles Wesentliche drauf! Damit geben Sie zu, dass Sie den ganzen Schlamassel angerichtet haben und dass Andrea von nichts gewusst hat. Sie brauchen nur noch zu unterschreiben!«, deutete er auf eine noch leere Zeile am unteren Ende des Blattes.

»Unterschreiben! Von wegen!«

»Sie wollen nicht? Auch gut, dann müssen wir jetzt eben doch einerseits die italienischen Kollegen bemühen, und andererseits unsere Drogenfahndung hierher beordern! Ist mir auch recht«, gab sich Horst gelassen.

Die aufgebrachte junge Frau fingerte zornbebend einen Füllfederhalter aus ihrer Handtasche, um hastig die Unterschrift auf das Papier zu setzen. Danach warf sie das Schreibgerät wütend auf den Tisch und eilte mit zornigen Schritten zur Wohnung hinaus, wobei sie die Tür donnernd hinter sich zuknallte.

Andrea, der den Disput mit hochrotem Kopf verfolgt hatte, ballte wütend die Fäuste. »Na, warte! So leicht kommst du mir nicht davon!«

Er wandte sich um und hatte bereits die Hand an den Türgriff gelegt, als Horst ihm Einhalt gebot. »Andrea! Nicht! Nicht jetzt! Bevor du dich im Affekt jetzt nicht mehr bremsen kannst! Lass sie sausen, wohin auch immer! Und sei froh, dass du sie von der Backe hast! Das wird zwar noch eine Zeit lang dauern, aber du wirst schon sehen! Und Hauptsache, wir können dich jetzt rehabilitieren!«

»Ja, aber ... Was ist mit der Polizei?«

Horst lächelte verlegen. »Na ja, die Polizei! Mit der Polizei ist es manchmal so eine Sache!«

Irritiert schüttelte jetzt auch Guiseppe Salvatore den Kopf. »Wie meinst du das denn? Das habe ich jetzt nicht verstanden!«

»Ganz einfach!« Mit einer entschuldigenden Geste breitete Horst die Arme aus: »Jetzt mal ehrlich, ich habe geblufft, und zwar ganz gewaltig! Was wäre denn gewesen, wenn sie das hier«, er nickte zu dem unterschriebenen Schuldeingeständnis hinüber, »wenn sie das nicht unterschrieben hätte – im Gegenzug mit der Chance für sie verbunden, ab durch die Mitte zu düsen? Na?« Skeptisch musterte er die beiden Salvatores. »Nichts wäre passiert, außer dass es noch mal einen Skandal gegeben hätte. Aber was hätten wir der Dame denn im Ernst schon beweisen können? Nichts, rein gar nichts!«

»Aber der Bestellzettel!«, wandte Andrea ein.

»Diesen Beweis hätte dir jeder halbwegs fitte Strafverteidiger in der Luft zerrissen. Sie habe sich doch nur so ihre Gedanken gemacht und den Wirkstoff, um den es geht, halt nachgeschlagen ...«

»Aber diese Sache mit der Erpressung in Italien ...« gab Guiseppe zu bedenken.

»...ist schon Jahre her und außerdem ist sie ja niemals rechtskräftig deswegen verurteilt worden,« wischte Horst auch diesen Einwand rasch beiseite.

»Aber das war ja ...das heißt ja dann ...« stammelte Andrea verwirrt.

»...auf keinen Fall, dass sie unschuldig ist, ganz und gar nicht! Aber ihr wisst doch selbst, Recht haben und Recht bekommen, das sind auch vor deutschen Gerichten zwei völlig unterschiedliche Paar Stiefel! So ist das eben!« Horst musterte die beiden ernst: »Wir wären eingefahren wie der alte Blücher! Das kann ich euch flüstern. Und dann wäre Andrea noch tiefer in der ganzen Scheiße dringestanden als vorher! Deshalb,« der Kommissar lächelte listig, »habe ich mir auf der Fahrt hierher eine andere Taktik überlegt. Die Überrumpelungsmethode. Sanfter Druck mit harten Fakten – und, bingo-!«

»Donnerwetter!« staunte Guiseppe. »Das war dann ja aber ein gewagtes Spiel!«

»Womit du nicht ganz Unrecht haben dürftest!« grinste Horst erleichtert. »Aber eines müsst ihr mir beide bitte versprechen, lasst meinen Namen bei der ganzen Angelegenheit aus dem Spiel – und zwar vollkommen!«

»Wieso das denn?!«

»Na, ganz einfach!« zuckte der Kriminalist die Schultern. »Weil ich sie natürlich aufgrund der Erkenntnisse, die wir gewonnen haben, hätte anzeigen müssen. Habe ich aber nicht getan! Ich hab sie sogar laufen lassen, nachdem ich sie zu einer Erklärung genötigt hatte. Rechtsbeugung nennt man so etwas,« strahlte er mit verlegenem Lächeln.

»Madonna! Die deutsche Polizei und das deutsche Rechtssystem! Ich werde das nie begreifen!« schüttelte Guiseppe irritiert den Kopf.

»Musst du auch nicht! Wenn ich es doch selber nicht begreife ...«

50

»Also, zugegeben, das war einer der merkwürdigsten Kriminalfälle in meiner Karriere, falls ich überhaupt von einer Karriere sprechen kann!«, lachte Horst und machte es sich auf der Wohnzimmer-Couch bequem. Er griff zu dem vor ihm stehenden Glas, in dem ein dunkelroter Wein im Kerzenschein funkelte. »Sieht aber vielversprechend aus.« Den ersten Schluck nahm er andächtig zu sich. »Und schmeckt auch so, Donnerwetter!«, nickte er anerkennend, als er das edle Getränk gekostet hatte. »Bei dem können wir gerne bleiben – zur Feier des Tages!«

»Ich höre mich nicht widersprechen!«, pflichtete Claudia Meyer ihrem Ehemann bei. »Wirklich nicht von schlechten Eltern, dieser Lemberger!«

»Und da heißt es immer, die Württemberger könnten keine gescheiten Weine machen!«

»Blödsinn«, knurrte Horst. »Das kann nur wieder einer von diesen Weinpäpsten von sich gegeben haben, falls der nicht mit den geziemenden Ehren bei uns empfangen worden ist. Aber auch egal, die sollen sagen, was sie wollen! Wir trinken unseren Wein halt selber! Und je weniger die den loben, desto weniger besteht die

Gefahr, dass er genauso unerschwinglich teuer wird wie ein Bordeaux oder der Rioja, von dem grade alle Welt meint, schwärmen zu müssen!«

»Wo du Recht hast, hast du Recht!« Claudia drehte sich zu ihrem Mann hinüber. »Aber jetzt sag noch mal, du glaubst also, dass die Affäre Andrea jetzt endgültig vom Tisch ist?«

»Ist sie«, nickte Horst. »Ich hab ja vorhin auch noch mit dem Andreas Trenk telefoniert, der wiederum seinerseits mit dem VfB-Sportdirektor gesprochen hat, da bleibt nichts zurück. Die Sache ist klar wie Kloßbrühe, der Andrea ist rehabilitiert und bekommt jetzt auch endlich seinen neuen Vertrag! Einen Super-Vertrag übrigens! Für das Geld arbeite ich zehn Jahre lang, wenn's nur reicht!«

»Dafür mixt dir aber auch keiner irgendwelches Dopingzeugs ins Essen, mein Schatz!«

»Na hoffentlich! Wer weiß, wenn man mit einer Naturwissenschaftlerin verheiratet ist ...«

»Jetzt mach aber mal einen Punkt«, knuffte Claudia das Lästermaul zärtlich in die Seite. »Aber ist jetzt von diesen Strippenziehern im Hintergrund auch nichts mehr zu befürchten?«

»Mit Sicherheit nicht! Der Vertrag ist so gut wie geschlossen, zusammen mit dem Francesco Adoni, und damit können sie in dieser Suppe endgültig nicht mehr herumrühren und Kasse machen!«

»Gott sei Dank! Dann steht dem Aufstieg unseres Jungstars nichts mehr im Wege!«

»Eigentlich nicht! Höchstens er selber! Aber bei dem Rüstzeug, das er von seinen Eltern mitbekommen hat, glaube ich nicht, dass er irgendwann auf seinem Höhenflug ausrasten wird. Und dieser ganze Schlamassel da in den letzten Wochen, das war im Nachhinein auch eine lehrreiche Erfahrung. Mich ärgert jetzt nur noch eines.«

»Und das wäre?«

»Dass eben diese Strippenzieher, wie du sie gerade genannt hast, im Dunkeln bleiben können und somit auch – wieder mal – straffrei ausgehen! Keiner kann sie am Wickel packen!«

»Wie im richtigen Leben!«, seufzte Claudia. »Da ist es doch genauso, aufgehängt werden immer nur die Kleinen.«

Das Läuten des Telefons unterbrach ihren immer mehr ins Gesellschafts-philosophische abdriftenden Dialog. Ärgerlich kniff Horst die Augen zusammen. »Wer kann das denn jetzt noch sein? Um diese Uhrzeit!«

»Du hast doch gar keinen Dienst, oder?«

»Eben drum! Also, lassen wir es klingeln!«

»Lieber nicht, bevor dann noch die Kinder aufwachen!«

»Also gut!«, seufzend griff der Kommissar zum Hörer. »Meyer hier, wer stört?«

»Hast du aber eine Art und Weise, die Leute zu begrüßen!«, kicherte es belustigt durchs Telefon.

»Protnik! Das hätte ich mir ja denken können! Das kann nur einer sein, der nachts um halb elf noch anruft!

Was gibt es denn so Dringendes? Ist der SSV in die Verbandsliga aufgestiegen oder was?«

»Wart nur ab, mit deinem Lästermaul!« Wieder lachte der Freund und Kollege glucksend. Da waren in den letzten Stunden wohl doch schon einige Weizenbierchen die Kehle des Sputnik hinunter gerauscht, dass der so gut bei Laune war. Egal!

»Aber im Ernst! Irgendwann spielen wir wieder gegeneinander: Entweder, wenn ihr dann endlich abgestiegen seid, in die zweite Liga zum Beispiel, oder wenn wir in die erste Klasse zurückgekommen sind, und das werden wir! Da wette ich mit dir!«

»Ich drück dir die Daumen, dass du das im Alter noch erleben darfst!«, flachste Horst zurück.

»Wenn erst der Andrea Salvatore bei uns spielt ...«

»...was noch eine ganze Weile dauern wird, denn morgen bekommt er seinen Dreijahresvertrag beim VfB!«

»Das ist der tiefere Sinn meines Anrufs, das wollte ich wissen! Dann ist ja also alles in Ordnung?«

»Und wie!«, bestätigte Horst zufrieden.

»Dann könnten wir doch am nächsten Wochenende ...«, begann der andere zaghaft. »Du, der Fabian und ich – die Uschi hat sowieso mal wieder Dienst in der PD. Ich lade euch ein, wie wäre das?«

»Im Prinzip nicht schlecht – aber ich denke, du bist gar kein VfB-Fan!«

»Was noch nicht ist, kann ja noch werden! Und außerdem muss ich zugeben, in einer Hinsicht ist der VfB dann doch besser!«

»Aha! Und wo?« Horst war gespannt, was jetzt kommen würde.

»Die Stadionwurst ist Extra-Klasse! Daran müssen wir noch ein bisschen arbeiten! Aber auch das wird noch werden. Spätestens dann, wenn wir im Donaustadion um die deutsche Meisterschaft spielen! SSV gegen VfB, das wär doch was!«

»Das wäre tatsächlich was! Aber bis dahin müssen wir es erst mal schaffen, die Bayern zu schlagen! Die mit ihrem ewigen Dusel! Tja, und solange das nicht klappt ...«

»Das wird auch noch! Denk immer dran, der Ball ist rund!«, kicherte es fröhlich aus dem Hörer. »Alles wird gut! Also dann, bis nächsten Samstag – wir telefonieren vorher noch mal!« Es klickte in der Leitung. Der erstaunliche Ulmer Kollege hatte das Gespräch beendet.

Kopfschüttelnd legte Horst das Telefon neben sich nieder und drückte seiner Claudia einen herzhaften Kuss auf die Wange. »Alles wird gut! Nur wann, das ist die Frage.«

Prustend lachten die beiden los und hoben die Weingläser: »Na dann! Auf die deutsche Fußballmeisterschaft im Jahr zweitausend-weiß-nicht-wann!«

ENDE

Peter Wark
Albtraum

285 Seiten. 11 x 18 cm. Paperback.
ISBN 3-926633-45-X. € 9,90.

Ein unbekannter Toter am Stuttgarter Flughafen – Mord. Warum wird gerade der Stuttgarter Journalist Jörg Malthaner von der Polizei an den Tatort gerufen? Der Tote entpuppt sich als Malthaners früherer Schulfreund. Bei eigenen Recherchen in seiner Heimat auf der Schwäbischen Alb, findet er heraus, dass der ehemalige Musterschüler in üble Geschichten verstrickt war und womöglich Geld in Millionenhöhe unterschlagen hat.
Noch ehe es ihm richtig klar wird, gerät Malthaner selbst in die Fänge einer kriminellen Bande.

KRIMI IM GMEINER-VERLAG

Candida C. Stapf
Wasserfälle

227 Seiten. 11 x 18 cm. Paperback.
ISBN 3-926633-57-3. € 9,90.

Diese ganze beschaulich kitschige Urlaubsidylle von Strand und Wasser wird in diesen ganz und gar ungewöhnlichen und gruseligen Geschichten, die am und im Wasser spielen, zunichte gemacht.
Mal ist es der langjährige Freund der Familie, der sich auf ein tödliches Techtelmechtel einlässt, mal die beste Freundin, die sich urplötzlich als intrigante Konkurrentin entpuppt! Doch die Erkenntnis reift jedes Mal genauso überraschend wie viel zu spät für die Opfer: Die Falle ist längst zugeschnappt, und es gibt kein Entrinnen mehr.
Vollkommen harmlos scheinende Tatbestände entwickeln sich – ganz leise und unauffällig –, um danach umso heftiger mit einem gewaltigen Ausbruch an Emotionen zu explodieren.

KRIMI IM GMEINER-VERLAG

Gunter Haug
Tauberschwarz

277 Seiten. 11 x 18 cm. Paperback.
ISBN 3-926633-53-0. € 9,90.

Ein Selbstmörder, der sich von Europas höchster Autobahn-Brücke – der Kochertalbrücke – stürzt. Für Polizei und Kriminalkommissar Horst Meyer ist schnell klar: Tragisches Ende eines Menschen, der immer tiefer in Depressionen verfallen ist.
Ein Trugschluss wie sich im darauffolgenden Jahr beim Radurlaub der Meyers im Hohenlohischen herausstellen soll. Merkwürdige Gestalten auf dem Campingplatz, ein Grabtuch Christi und eine im Taubertal agierende Sekte versetzen den Kommissar samt Familie in einen Strudel religiösen Wahns, finsterer Intrigen und krimineller Handlungen.

Gunter Haug
Finale

293 Seiten. 11 x 18 cm. Paperback.
ISBN 3-926633-55-7. € 9,90.

Ein plötzliches Leistungstief, unsportliches Verhalten, Fernbleiben vom Training – Schlagzeilen, womit der junge italienische Nachwuchsspieler des VfB Stuttgart, Andrea Salvatore, von sich reden macht. Und plötzlich ist er spurlos verschwunden.
Kommissar und Fußball-Fan Horst Meyer stößt bei seinen Ermittlungen auf italienische Geschäftemacher und Spielervermittler. Die Spur führt nach Elba. Im dortigen Trainingslager von Juventus Turin kommt es zum Skandal.

natürlich aus dem
Gmeiner-Verlag

Ehnried-Hof
88605 Meßkirch
Telefon 07575/927790
Telefax 07575/927791
www.gmeiner-verlag.de
info@gmeiner-verlag.de

Gunter Haug
Höllenfahrt

233 Seiten. 11 x 18 cm. Paperback.
ISBN 3-926633-49-2. € 9,90.

Kommissar Horst »Hotte« Meyer glaubt im falschen Film zu sein. Ausgerechnet bei der Zugfahrt im Regional-Express von Stuttgart nach Tuttlingen widerfährt ihm Merkwürdiges: Er befindet sich in (fast) derselben bedrückenden Situation wie vor knapp zehn Jahren eine junge Frau, die zum rätselhaften Opfer einer Bluttat geworden ist. Und was dem unermüdlichen Ermittler damals viele schlaflose Nächte bescherte, ist plötzlich wieder da. Erinnerungen, die sich vor dem Kommissar auftürmen, der inzwischen selbst regelrecht in der Klemme sitzt.

Gunter Haug
Todesstoß

278 Seiten. 11 x 18 cm. Paperback.
ISBN 3-926633-46-8. € 9,90.

Mord beim größten Ritterturnier der Welt! Auf Schloss Kaltenberg zwischen Augsburg und Landsberg ist vor den Augen von zehntausend entsetzten Zuschauern ein heimtückischer Mord geschehen. Und mittendrin im Geschehen: Horst »Hotte« Meyer, der Kommissar aus Heilbronn. Die Spur eigener Recherchen führt ihn in die württembergische Weinszene ins Unterland, wo er üble Machenschaften aufdeckt. Doch der Fall scheint im Sande zu verlaufen, bis er fast ein Jahr später bei einem mittelalterlichen Treiben in Heilbronn auf merkwürdige Bekannte trifft.

KRIMI IM GMEINER-VERLAG